Stephan Campineiro
Daniel Gonçalves

SEDES da COPA

World Cup Host Cities

arte ensaio

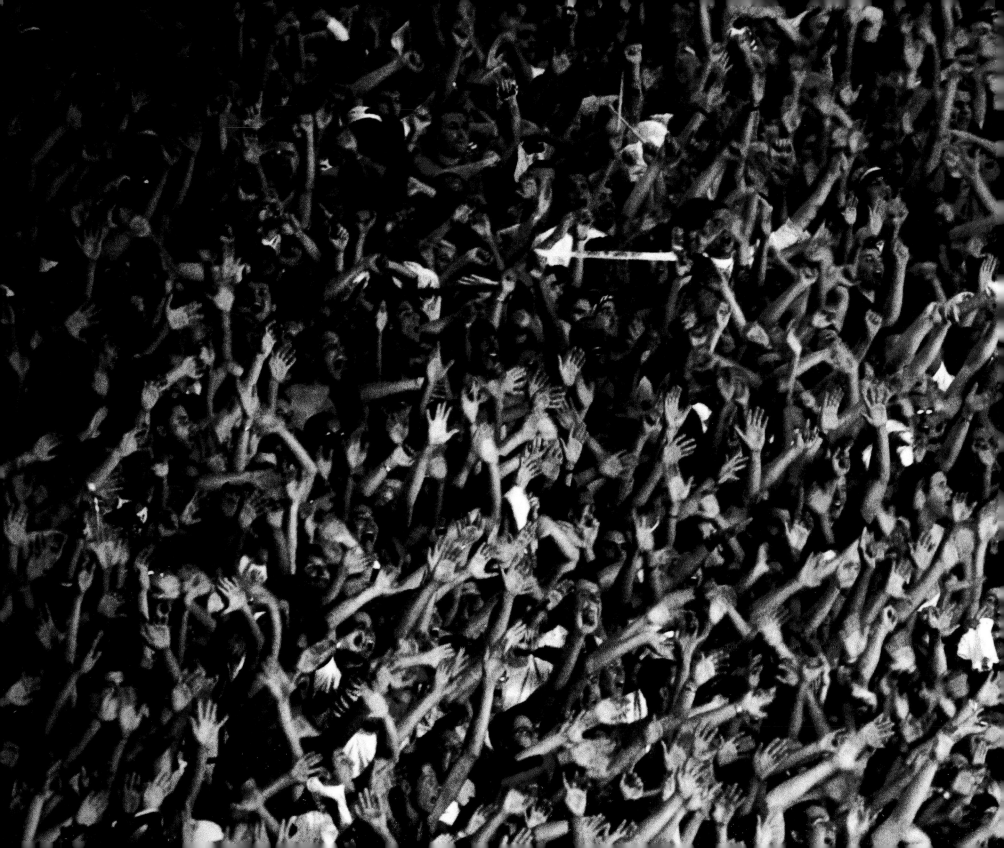

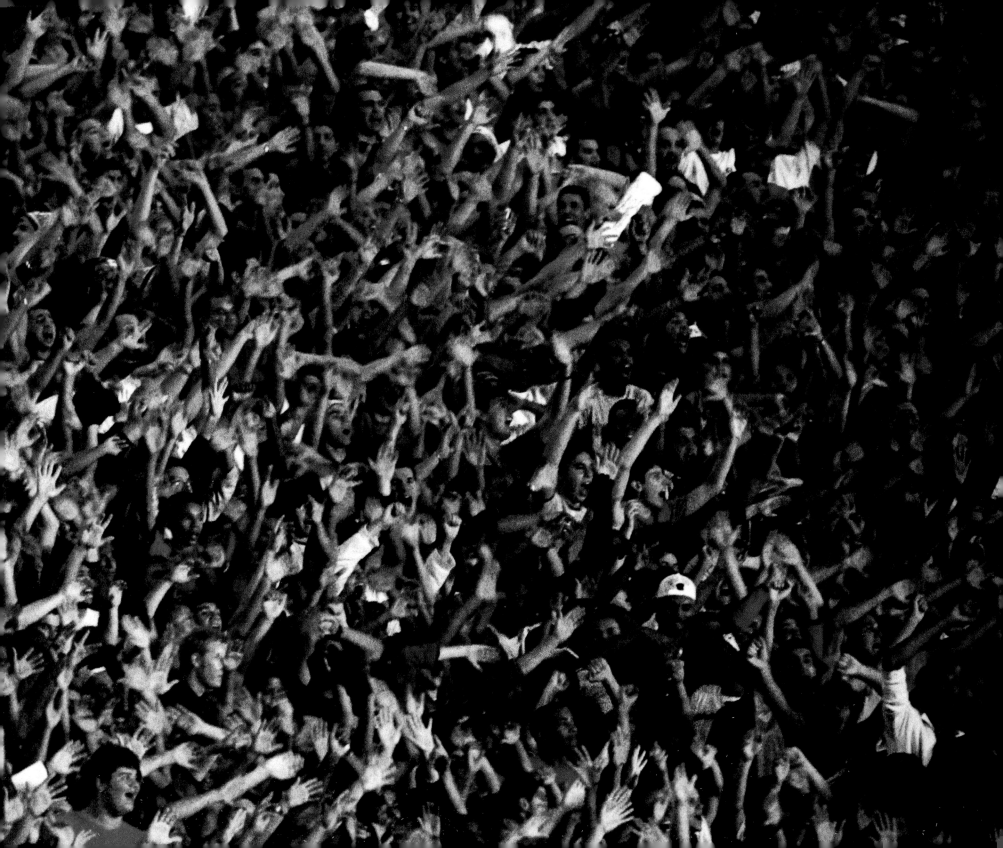

"Se todas as batalhas dos homens se
dessem apenas nos campos de futebol,
quão belas seriam as guerras."
Augusto Branco

arte_{ensaio}

SEDES da COPA

Arte Ensaio Editora Ltda.©

COORDENAÇÃO EDITORIAL / EDITORIAL COORDINATION
Arte Ensaio Editora

PROJETO GRÁFICO / DESIGN
Retina 78

TEXTO / TEXT
Stephan Iamarino Fernandes Campineiro
Daniel Bortoletto Gonçalves

FOTOGRAFIAS / PHOTOGRAPHS
Fotonautas / Agif / Fotolia / Augusto Ratis / Felipe Oliveira / Tyba / Agência O Estado /
Agência O Globo / Opção Brasil / Corbis / Getty Images / Carlos Catela – Correio-BA

VERSÃO PARA O INGLÊS / ENGLISH TRANSLATION
Parla Traduções

COPY DESK E REVISÃO / COPY DESK AND PROOFREADING
Sonia Cardoso

AGRADECIMENTOS / ACKNOWLEDGMENTS
BCMF Arquitetos / Castro Mello Arquitetos / GCP Arquitetos / Carlos Arcos
Arquitetura / Vigliecca & Associados / GMP / Populous Architects / Hype Studio /
Fernandes Arquitetos Associados / Emop (Empresa de Obras Públicas do Estado do
Rio de Janeiro) / Setepla Tecnometal / Schulitz+Partner / Unloop Filmes / CDCA

CAPTAÇÃO DE RECURSOS / FUND RAISING
ArteMídia Marketing Cultural
ID Cultural

IMPRESSÃO E ACABAMENTO / PRINT AND BINDING
RR Donnelley

Arte Ensaio Editora Ltda.©, 2012
Tel//Fax: (21)2259-8282 / (11) 2307-8777
www.arteensaio.com.br
arteensaio@arteensaio.com.br

Ministério da
Cultura

GOVERNO FEDERAL
BRASIL
PAÍS RICO É PAÍS SEM POBREZA

CIP-BRASIL. CATALOGAÇÃO-NA-FONTE
SINDICATO NACIONAL DOS EDITORES DE LIVROS, RJ

C197s

Campineiro, Stephan
   Sedes da copa / Stephan Iamarino Fernandes Campineiro, Daniel Bortoletto
Gonçalves ; versão para o inglês Parla Traduções. - 1.ed. - Rio de Janeiro : Arte
Ensaio, 2012.

   Texto bilíngue, em português e inglês
   ISBN 978-85-60504-33-6

   1. Copa do Mundo (Futebol) - Brasil. 2. Copa do Mundo (Futebol) -
Planejamento - Brasil. 3. Capitais (Cidades) - Torneios - Brasil - Obras ilustradas.
4. Capitais (Cidades) - Brasil - Obras ilustradas. 5. Eventos esportivos - Brasil. I.
Gonçalves, Daniel Bortoletto. II. Título.

12-4949.   CDD: 796.3340981
                                  CDU: 796.332(81)

12.07.12   25.07.12   037329

MAIS DE 190 MILHÕES DENTRO DAS 4 LINHAS

O Brasil está no centro do mundo. Sediar uma Copa do Mundo trouxe não só os olhos estrangeiros para cá, mas também oportunidades. Investimentos nunca antes imaginados, principalmente com uma economia cada vez mais forte, hoje a sexta do mundo.

Ajudar a mover essa economia é o que tem feito a XP Investimentos. Há mais de 10 anos tivemos a ousadia de criar uma empresa para ensinar as pessoas a investirem melhor. Levamos ao país uma cultura de investimento antes comum apenas lá fora.

E da mesma maneira que não importamos simplesmente o futebol da Inglaterra, criando um estilo brasileiro e único de jogar, e que virou referência mundial, nos investimentos procuramos fazer a mesma coisa. Afinal o brasileiro é empreendedor e para isso precisa administrar bem o seu dinheiro. Queremos mostrar que com assessoria, educação e os melhores produtos financeiros as pessoas podem realizar seus sonhos.

Nós jogamos junto com o Brasil. Queremos ver o Brasil fazer bonito. Não só na Copa de 2014, mas em todos os campos. Acreditamos no país e nas pessoas, e temos a certeza de que esse é o melhor investimento que nós podemos fazer.

XP Investimentos

MORE THAN 190 MILLION WITHIN THE 4 LINES

Brazil is a hit in the world. Hosting a World Cup attracted not only the foreign eyes but also opportunities. Investments never imagined before, especially with an increasingly stronger economy, the sixth in the world nowadays.

XP Investimentos is helping driving this economy. More than ten years ago, we dared to found a company for teaching people how to make better investments. We have delivered to the country an investment culture that was common only abroad.

And, in the same way Brazil has not only imported the English soccer, but created its unique style, which is world reference, we have been trying to do the same thing about investments. After all, the Brazilian people are entrepreneurs and, for such, they need to manage their money well. We want to show that people can make their dreams come true with advisory, instruction and the best financial products.

We are playing together with Brazil. We want the country to do well, not only in the 2014 World Cup, but in all fields. We believe in Brazil and its people, and we are sure that this is the best investment we can do.

XP Investimentos

Bem-vindo ao
país pentacampeão
do mundo

Floresta Amazônica no gol: Ópera de Arame, Pelourinho, Praça da Liberdade e Praia de Iracema formam a defesa. No meio de campo, time escalado com Serra Gaúcha, Praia de Pipa, Praça dos Três Poderes e Galo da Madrugada; Avenida Paulista e Pantanal no ataque. Técnico: Cristo Redentor.

Este timaço titular, tão difícil de ser escalado graças às centenas de atrações que o Brasil oferece – para todos os gostos, para todos os tipos de público –, certamente seria candidato a qualquer título. Entre 12 de junho e 13 de julho de 2014, eles serão alguns dos deslumbrantes cartões-postais que o país apresentará ao planeta, durante a disputa da Copa do Mundo.

Doze cidades espalhadas de Norte a Sul receberão os 64 jogos da competição esportiva mais aguardada, de quatro em quatro anos, pelos brasileiros. Escolhidas no fim de 2007, Belo Horizonte, Brasília, Cuiabá, Curitiba, Fortaleza, Manaus, Natal, Porto Alegre, Salvador, São Paulo, Recife e Rio de Janeiro vivem, desde então, a expectativa do apito do árbitro para a bola rolar.

Para atender a milhões de visitantes e bilhões de telespectadores mundo afora, dezenas de bilhões de reais estão sendo investidos, em sua esmagadora maioria pelas três esferas de governo. Afinal, o "país do futebol" não quer dar *olé*! apenas dentro de campo. Todos os esforços estão sendo feitos para que o Brasil, suas cidades-sedes e deslumbrantes atrações façam deste um Mundial inesquecível.

Para cada cidadão brasileiro, especialmente para aqueles que vivem nas cidades escolhidas, a Copa do Mundo terá um significa-do ainda maior. Além do legado esportivo, todos esperam que os investimentos na organização da Copa deixem como herança para as gerações futuras a melhoria da qualidade de vida, com serviços públicos mais eficientes e infraestrutura renovada.

Exemplo disso são os elevados recursos destinados à remodelação do sistema viário e à modernização do sistema de transportes, principais focos de investimento nas cidades-sedes e respectivas regiões metropolitanas. Se tais gargalos na estrutura deste gigante em expansão chamado Brasil forem resolvidos, sediar o Mundial já terá valido a pena, antes mesmo de craques como Messi, Cristiano Ronaldo e Neymar começarem a desfilar em nossos gramados.

Gramados que hoje passam por uma grande transformação. São quatro novos estádios em construção, cinco em reforma e outros três em reconstrução. Instalações que, depois do mês da Copa, vão poder alavancar o futebol nacional, principalmente os clubes, uma paixão nacional, desde que geridas com profissionalismo.

Templo histórico do futebol mundial, o Maracanã receberá a final, repetindo o acontecido em 1950. Uma chance única para que o fatídico Maracanazo – como ficou conhecida a derrota brasileira na decisão contra o Uruguai, na quarta edição da Copa do Mundo – deixe de ser um fantasma para os brasileiros.

O Brasil foi campeão na Suécia em 58, no Chile em 62, no México em 70, nos Estados Unidos em 94 e na dobradinha Japão/Coreia em 2002. Que os *gringos* nos perdoem, mas nada irá se comparar com a conquista do hexa por nós no quintal de nossas casas.

BELO HORIZONTE

Área: 330,9 km²
População: 2.375.444 hab.
Data de aniversário: 12 de dezembro
Quem nasce em Belo Horizonte é: belo-horizontino
Clima: tropical com estação seca. Nos meses mais frios, temperatura
média de 18°C. E acima de 22°C nos meses mais quentes.
Temperatura durante a Copa do Mundo (junho/2014): 25°C
Aeroporto: Internacional Tancredo Neves, em Confins

Belo Horizonte
Ô trem-bão, sô!

O povo é acolhedor, a comida é internacionalmente conhecida, foi um dos berços da Música Popular Brasileira, além de ser chamada de "a capital nacional dos bares"... Escolher apenas um rótulo para definir Belo Horizonte não é tarefa das mais fáceis. E por isso ela é tão atrativa e encantadora.

A capital dos mineiros possui, segundo o último censo, mais de 2,3 milhões de habitantes, quarta mais populosa do país, atrás de São Paulo, Rio de Janeiro e Salvador. BH foi construída de forma planejada, com inspiração em Paris (França) e Washington (EUA). Para a Copa do Mundo, receberá mais de R$ 2,5 bilhões em investimentos, principalmente na área de mobilidade urbana e no setor hoteleiro.

Com temperatura média na casa dos 22°C, a cidade tem forte vocação para as mais variadas formas de comércio. Assim, o tradicional Mercado Central e a badalada e movimentada região da Savassi conseguem conviver em harmonia, além de agradarem à maioria da população e dos visitantes.

BH também consegue unir a tradição da rica história de Minas Gerais, com construções paisagísticas assinadas por Oscar Niemeyer, como a igreja de São Francisco de Assis, no Conjunto Arquitetônico da Pampulha, com a modernidade de uma cidade que não abre mão de vastas áreas verdes, como os parques Municipal e das Mangabeiras, além da Serra do Curral, que circunda parte da região.

O lado
Turístico

CIDADES HISTÓRICAS

Verdadeiras aulas de história. Assim podem ser definidas as principais atrações turísticas de Minas Gerais.

Congonhas, Diamantina, Mariana, Ouro Preto, Sabará, São João Del Rei e Tiradentes fazem parte de um roteiro riquíssimo incluindo beleza artística e arquitetônica. São igrejas, museus, casas e ruas que preservam a tradição e a cultura da famosa Inconfidência Mineira – movimento que tentou romper os laços coloniais do Brasil com Portugal, em 1789, está vivo e bem conservado nas cidades.

Obras de Aleijadinho, relíquias centenárias e cidades com o título de Patrimônio Cultural da Humanidade, a uma distância a partir de 20 km de Belo Horizonte.

GASTRONOMIA

Feijão-tropeiro, pão de queijo, frango com quiabo, canjiquinha, angu de milho-verde ou fubá, queijos e doces dos mais variados... É difícil não "lamber os beiços" quando se pensa na farta e saborosa culinária mineira.

Com forte influência do período da mineração, no século XVIII, a cozinha local mistura a simplicidade de um velho fogão a lenha com a tradição de receitas passadas de pai para filho. Aprendeu-se que nada se perde, tudo se mistura. Os "mexidos" aproveitam sobras de carnes, legumes, feijões e verduras e se transformam em banquetes. Viraram marca registrada dos botecos espalhados pela cidade.

Delícias que podem ser acompanhadas por uma dose de cachaça. Para os apreciadores da tradicional bebida, Belo Horizonte reúne grande variedade de marcas artesanais, que agradam a todos os paladares.

PRAÇA DA ESTAÇÃO

O tradicional ponto de encontro de milhares de moradores de Belo Horizonte diariamente vai receber a *Fan Fest* da Fifa, durante a Copa do Mundo.

Construído na década de 1920, o local foi reformado no início dos anos 2000 e recuperou o *glamour* do passado. A antiga estação de trem era a porta de entrada de BH, um grande ponto de referência para quem chegava e saía da cidade. Após a implantação do Museu de Artes e Ofícios, a Praça da Estação se transformou em um polo cultural e marco entre o antigo e o novo.

Principais clubes

América Futebol Clube
Mascote: Coelho
Cores: verde e branco
Fundação: 30/4/1912
Estádio: Independência, inaugurado
em 25/6/1950 .
Endereço: Rua Mantena, 80 – Ouro Preto/
Belo Horizonte (MG)
Principais títulos:
1 Série B do Campeonato Brasileiro (1997)
15 estaduais
Site oficial: www.americamineiro.com.br

Atlético Mineiro
Mascote: Galo
Cores: preto e branco
Fundação: 25/3/1908
Endereço: Avenida Olegário Maciel,
1.516 – Bairro de Lourdes/Belo
Horizonte (MG)
Principais títulos:
1 Campeonato Brasileiro (1971)
2 Copas Conmebol (1992 e 1997)
40 estaduais
Site oficial: www.atletico.com.br

Cruzeiro Esporte Clube
Mascote: Raposa
Cores: azul e branco
Fundação: 2/1/1921
Endereço: Rua Timbiras, 2.903 – Barro Preto/
Belo Horizonte (MG)
Principais títulos:
2 Libertadores (1976 e 1997)
2 Supercopas (1991 e 1992)
1 Recopa Sul-Americana (1998)
2 Campeonatos Brasileiros (1966 e 2003)
36 estaduais
Site oficial: www.cruzeiro.com.br

Quem brilhou em Belo Horizonte?

JAIR BALA

O nome Jair Felix da Silva pode não ser reconhecido com facilidade no futebol, mas ao acrescentar o apelido 'Bala', transforma-se em sinônimo do América!

O ex-atacante, nascido no Espírito Santo, marcou época no Coelho. Foi um dos destaques do time campeão mineiro de 1971, considerado um dos principais do clube desde aquele que conquistou dez estaduais consecutivos no início do século passado.

Cigano da bola, passou por alguns times gigantes do futebol nacional, como Flamengo, Palmeiras, Santos e Botafogo. O apelido foi dado em sua passagem pelo Rubro-Negro. Certo dia, ele foi cobrar o prêmio em dinheiro por uma vitória. Um funcionário do clube quis brincar com o então jovem atleta e pegou uma arma, querendo assustá-lo. Não sabia que ela estava carregada... Houve um disparo acidental para o chão, mas a bala entrou na coxa esquerda do atacante e parou na virilha. Os médicos não quiseram retirar o projétil. Jair o carrega até hoje, inclusive no nome.

REINALDO

Braço esquerdo levantado, com o punho fechado. Braço direito atrás do corpo. Uma forma de comemorar gols que se misturava a um protesto silencioso durante o regime militar no Brasil, imitando os Panteras Negras dos Estados Unidos. A marca registrada fez com que José Reinaldo de Lima fosse um dos mais engajados atletas de sua geração.

Saiu das categorias de base e brilhou com a camisa alvinegra do Galo mineiro. Passou a atuar entre os profissionais com apenas 16 anos. Jogou 475 partidas pelo Atlético, fazendo 255 gols marcados, recorde até hoje. Ganhou oito Estaduais e foi duas vezes vice-campeão nacional pelo clube. Também foi vítima de lesões, principalmente no joelho esquerdo, que encurtaram sua carreira. Aposentou-se com 31 anos, após rodar por clubes do Brasil e do exterior.

Com a camisa da Seleção Brasileira, disputou a Copa do Mundo de 1978, na Argentina. Balançou as redes em 14 oportunidades nas 37 partidas jogadas pelo Brasil. A torcida sempre gritava em coro: "Rei! Rei! Rei! Reinaldo é nosso rei!"

TOSTÃO

Eduardo Gonçalves de Andrade, ou simplesmente, Tostão. Menino de visual franzino, que aos 8 anos já se aventurava a disputar peladas com meninos de até 15 anos. Pequeno no tamanho, grande no talento. Ganhou habilidade nas quadras de futsal.

Era tão promissor que, no dia de sua contratação pelo Cruzeiro, fez com que o então presidente Felício Brandi chegasse atrasado ao próprio casamento. O dirigente precisava iniciar a lua de mel com a torcida. E ela durou bastante... talvez dure até hoje.

Tostão é o maior artilheiro da história celeste, com 245 gols, em oito anos defendendo o clube, num total de 383 jogos. Neste período, conquistou o Brasileiro de 66, desbancando o poderoso Santos de Pelé, além de seis Estaduais. Os números só não foram maiores por um golpe do destino: aos 25 anos ele abandonou o futebol após sofrer o deslocamento da retina e correr o risco de perder a visão.

Pela Seleção, foi titular na conquista da Copa de 70, no México. Anotou 36 gols em 59 partidas com a Amarelinha.

TOSTÃO

Mineirão: o palco de Belo Horizonte

O reformado Mineirão será a casa da Copa em BH. O fanático torcedor local poderá acompanhar, no total, seis jogos da competição em 2014. Existe a possibilidade, inclusive, de dois deles serem da Seleção Brasileira, caso ela avance em primeiro lugar do seu grupo na fase inicial. Por sinal, o estádio já recebeu a equipe verde-amarela em outras 20 oportunidades, sendo que 15 delas terminaram com vitória dos donos da casa.

Para se adequar aos pré-requisitos da Fifa para a Copa, o Mineirão recebeu o investimento de mais de R$ 690 milhões. A capacidade, que era de 76 mil pessoas, foi reduzida para 67 mil. Estruturalmente, a principal mudança foi o rebaixamento do gramado, o que vai fazer com que os torcedores fiquem mais próximos dos jogadores.

Além da construção de camarotes e área VIP com seis mil lugares, restaurantes, nova área de imprensa e estacionamentos, o estádio mineiro ganhou a classificação de "sustentável ambientalmente", graças à captação de energia solar em sua cobertura.

MAIS SOBRE O MINEIRÃO

Nome oficial: Estádio Governador Magalhães Pinto (fica próximo ao complexo da Pampulha, projetado por Oscar Niemeyer, com a fachada tombada pelo Conselho de Patrimônio Histórico de Belo Horizonte)

Jogo inaugural: Seleção Mineira 1x0 River Plate (Argentina), em 5/9/1965

Autor do primeiro gol: Buglê, ex-atacante do Atlético/MG

Recorde de público: 132.834, no jogo Cruzeiro 1x0 Villa Nova/MG, em 22/6/1997

Jogos do Brasil: 20 jogos, com 15 vitórias, três empates e duas derrotas

BRASÍLIA

Área: 5.802 km²
População: 2.562.963 hab.
Data de aniversário: 21 de abril
Quem nasce em Brasília é: brasiliense ou candango
Clima: semisseco, com duas estações bem definidas: a seca e a úmida.
Temperatura durante a Copa do Mundo (junho/2014): entre 10°C e 32°C. Durante a Copa, temperatura à noite e de madrugada varia de 10° a 15°. A umidade do ar cai e a temperatura varia bastante, com muito frio pela manhã, calor à tarde e frio à noite.
Aeroporto: Juscelino Kubitschek

A capital federal se transforma na capital da bola

Conhecer Brasília é mergulhar na recente história do país.

Idealizada pelo arquiteto Oscar Niemeyer e pelo urbanista Lúcio Costa, a cidade nasceu da decisão do então presidente Juscelino Kubitschek de tirar a capital do Brasil do Rio de Janeiro, numa tentativa de integração nacional. Com menos de quatro anos de construção, Brasília foi fundada, em 21 de abril de 1960, transformando o centro do país no Distrito Federal.

Planejada, com largas avenidas e endereços definidos por siglas alfanuméricas são peculiaridades que tornam a capital brasileira, atualmente com população superior a 2,5 milhões de pessoas, numa cidade muito diferente de outras metrópoles nacionais.

Os traços modernistas da dupla de 'criadores' da cidade podem ser vistos em diversas obras, que passaram a ser pontos turísticos, como o Congresso Nacional, o Palácio do Planalto e a Catedral Metropolitana, somente para citar alguns. Hoje, Brasília ostenta o título dado pela Unesco de Patrimônio Cultural da Humanidade.

Durante a Copa do Mundo de 2014, a cidade receberá sete jogos, um deles da Seleção Brasileira na primeira fase. O aquecimento será em 2013, na Copa das Confederações, com a partida de abertura – mais uma vez com o Brasil em campo. Os jogadores irão desfilar seu futebol pelo Estádio Nacional Mané Garrincha, um novo gigante, com capacidade para 70 mil pessoas, que carrega o nome de um dos maiores gênios do esporte.

A competição ainda poderá servir como impulso para o futebol local, que tem raros resultados expressivos nacionalmente.

O lado Turístico

PRAÇA DOS TRÊS PODERES

Um local que reúne órgãos federais dos poderes Executivo, Legislativo e Judiciário, podendo ser chamado de 'coração do poder' em Brasília... essa é a Praça dos Três Poderes, onde estão localizados o Palácio do Itamaraty, o Palácio do Planalto, o Palácio da Justiça, o Supremo Tribunal Federal e o Congresso Nacional.

Cada edifício tem uma peculiaridade. O Congresso Nacional, por exemplo, é formado por duas conchas: uma côncava (a do Senado Federal) e outra convexa (a da Câmara dos Deputados). Dois prédios, que abrigam a parte administrativa, formam uma espécie de letra H e completam a obra de Niemeyer e Costa. Já o Supremo Tribunal Federal é outra obra-prima, com a imponente escultura *A Justiça* logo na entrada.

CATEDRAL DE BRASÍLIA

Uma das mais belas obras de Oscar Niemeyer, a Catedral de Brasília é um dos pontos turísticos mais visitados do Distrito Federal.

A megaestrutura, formada por 16 pilares de concreto e unida por uma base de 60 m de diâmetro, é revestida por mais de 500 toneladas de mármore.

No interior, estátuas de bronze, esculturas, a Via Sacra assinada por Di Cavalcanti e três anjos suspensos, que parecem estar descendo do céu para tocar os visitantes. Detalhes que arrancam suspiros e lágrimas de fiéis e turistas.

LAGO PARANOÁ

Você já deve ter ouvido falar do Lago Sul. E o Lago Norte? Os bairros estão localizados nas penínsulas do lago artificial mais famoso do país.

Ao represar as águas do rio Paranoá, Brasília criou um grande centro de lazer. Praias artificiais, ponto de referência para prática de esportes náuticos, local de encontro de pescadores, além de ser um point de badalação, com bares e restaurantes.

São cerca de 50 km² de extensão, que abrigam várias espécies de aves e mamíferos.

Principais clubes

Brasiliense Futebol Clube
Mascote: Jacaré
Cores: amarelo e branco
Fundação: 1/8/2000
Endereço: Setor de Indústrias de Taguatinga, Q I 08, Lotes 73/75 – Taguatinga (DF)
Principais títulos:
1 Série B do Brasileiro (2004)
7 Estaduais
Site oficial: www.brasiliensefc.net

Sociedade Esportiva do **Gama**
Mascote: Periquito
Cores: verde e branco
Fundação: 15/11/1975
Endereço: Endereço: Área Especial 1/4, Setor Central – Gama (DF)
Principais títulos:
1 Série B do Brasileiro (1998)
10 Estaduais
Site oficial: www.segama.com.br

Quem brilhou em Brasília?

IRANILDO

Pernambucano de nascimento, o meia baixinho e muito habilidoso despontou no futebol nacional no Rio de Janeiro. Teve duas passagens por Botafogo e Flamengo, conquistando fama e títulos importantes.

Mas a conquista de cinco títulos estaduais transformou Iranildo Hermínio Ferreira em um símbolo do Brasiliense.

Iranildo também foi o grande comandante do time que deu ao Jacaré um título nacional: a Série B do Campeonato Brasileiro, em 2004, e o passaporte para colocar o clube na elite do futebol brasileiro... e seu nome na história do futebol candango.

DIMBA

Nascido em Sobradinho, a apenas 22 km de Brasília, Editácio Vieira de Andrade, ou simplesmente Dimba, iniciou a carreira no futebol na cidade natal. Depois de passar pelo Brasília, foi contratado pelo Gama, em 1996. Um ano depois, chegou ao Botafogo e viu a carreira deslanchar. Ficou nacionalmente conhecido ao fazer um gol, na final do Carioca de 97, no Maracanã, e comer grama na comemoração.

Em 2002, voltou ao Gama. Ao deixar o alviverde mais uma vez, brilhou no Goiás, ao se transformar em artilheiro do Campeonato Brasileiro em 2003.

Nos últimos anos, passou a rodar por vários clubes do Distrito Federal, como Ceilândia, Brasiliense e Legião.

DIMBA

Mané Garrincha: o palco de Brasília

Para receber sete jogos da Copa do Mundo (incluindo um jogo das oitavas de final, um das quartas e a decisão do terceiro lugar), além da abertura da Copa das Confederações, em 2013, o Estádio Nacional Mané Garrincha foi ampliado.

A capacidade passará de 45 mil para 70 mil pessoas. O projeto de reforma foi orçado em R$ 812 milhões.

Haverá ainda uma cobertura em estrutura metálica, rebaixamento do gramado e a eliminação da pista de atletismo. O meio ambiente não foi esquecido no projeto, com ações de sustentabilidade, tanto que a cobertura será capaz de captar luz solar, gerando toda a energia necessária para funcionamento do estádio.

MAIS SOBRE O MANÉ GARRINCHA
Nome oficial: Estádio Nacional Mané Garrincha
Jogo inaugural: Ceub 1 x 1 Corinthians, em 10/3/1974
Autor do primeiro gol: Vaguinho, do Corinthians
Recorde de público: 51.000 pagantes, no jogo Gama x Londrina, em 1998
Jogos do Brasil: sete jogos, com seis vitórias e uma derrota

CUIABÁ

Área: 3.984,9 km²
População: 550.562 hab.
Data de aniversário: 8 de abril
Quem nasce em Cuiabá é: cuiabano
Clima: tropical quente, úmido no verão e seco no inverno
Temperatura durante a Copa do Mundo (junho/2014): 25ºC
Aeroporto: Internacional Marechal Rondon

A bola em um santuário verde

A Copa do Mundo de 2014 é vista como uma grande oportunidade para que Cuiabá dê um salto de qualidade na área de serviços e em sua infraestrutura urbana. É certo que o Mundial fará bem para o desenvolvimento da cidade, mas a recíproca também é verdadeira: para os amantes do futebol, é um privilégio que Cuiabá, cercada pelos paradisíacos biomas da Amazônia, do Cerrado e do Pantanal, tenha sido escolhida como uma das sedes.

Na capital e em todo o Mato Grosso, o visitante poderá acompanhar quatro jogos do Mundial na segunda quinzena de junho e, no intervalo entre as partidas, curtir uma série de atrações intimamente ligadas à natureza, como cachoeiras, grutas, despenhadeiros, passeios de barco e a pesca esportiva.

Quando a Copa do Mundo chegar, a expectativa é que o visitante encontre uma cidade revitalizada por importantes obras de mobilidade urbana, como a duplicação da ponte Mário Andreazza, a implantação do sistema de Veículo Leve sobre Trilhos (VLT) e a modernização do aeroporto Marechal Rondon.

No futebol, a expectativa é ainda maior. A revitalização do antigo estádio Verdão, que será substituído pela moderna Arena Pantanal, pode servir como indutora para a renovação de seus clubes, há pelo menos 30 anos distantes das principais competições nacionais, como o Mixto e o Dom Bosco, que hoje sequer mantém seu time profissional em atividade.

O lado Turístico

PANTANAL

A beleza ímpar do complexo do Pantanal é apreciada por todo brasileiro desde os tempos da escola. Mas, ainda hoje, muita gente "conhece" o espaço apenas dos livros ou documentários exibidos pela tevê. Certamente, não haverá melhor momento para quebrar essa barreira do que a Copa do Mundo de 2014.

Um dos cenários mais exóticos do planeta, considerado pela Unesco como Patrimônio Natural Mundial, o Pantanal é a maior planície de inundação da Terra, originada numa região com alto índice pluviométrico e alagamentos ocasionados pelo transbordamento de inúmeros córregos e lagos.

A diversidade de sua fauna é uma das grandes atrações do Pantanal. Ali, o visitante se encontrará diante de 650 espécies de aves, 80 espécies de mamíferos, mais de 250 tipos de peixes e cerca de 50 espécies de répteis. Nessa variedade, destacam-se o tuiuiú, pássaro símbolo do Pantanal; a arara-azul, garças-brancas, gaviões, onças e jacarés.

Nos últimos anos, o setor recebeu grandes investimentos para desenvolvimento de seu potencial turístico e diversas pousadas pantaneiras surgiram na região para exploração do ecoturismo.

CHAPADA DOS GUIMARÃES

Com uma paisagem de cinema, que deixa qualquer visitante de boca aberta diante de tamanha beleza, o Parque Nacional da Chapada dos Guimarães, localizado na cidade de mesmo nome, a apenas 60 km de Cuiabá, é um dos principais atrativos de uma região que se destaca, justamente, pelas incontáveis opções verdes.

O parque é aberto à visitação diariamente e oferece ao turista um relevo espetacular. A altitude da chapada varia entre 600 e 800 metros e destaca variadas formações rochosas, sítios arqueológicos e grande número de cachoeiras, entre elas a Véu de Noiva, uma das mais famosas do país, com espetaculares 86 metros de queda livre.

Na Chapada dos Guimarães, o visitante também se surpreende a cada passo com a riqueza e diversidade da fauna. Não se assuste se deparar com o lobo-guará, a águia real, gaviões, o tamanduá-bandeira ou jacarés.

O melhor período para visitação é entre os meses de novembro e julho, devido à seca. Ou seja, não há desculpas para deixar de conhecer a Chapada durante a Copa.

PESCA ESPORTIVA

A pesca é uma das atividades econômicas mais tradicionais de Mato Grosso e, a cada ano, vem conquistando mais espaço como uma ótima opção turística, graças às inúmeras atrações existentes na região do Pantanal.

Pescadores amadores de todo o país e da América do Sul são atraídos pela variedade de grandes peixes, como dourado, pintado, pacu e jaú, e desafiam as águas dos rios Paraguai, Vermelho e Aquidauana.

Com o desenvolvimento do setor, o passeio é completo. O turista conta com boa infraestrutura, com transporte, hospedagem e serviços especializados, além de luxos inimagináveis há alguns anos, como barcos hotéis.

Principais clubes

Cuiabá Esporte Clube
Mascote: Peixe Dourado
Cores: amarelo e verde
Fundação: 2001
Endereço: Rodovia BR-364, s/n° – Distrito Industriário/Cuiabá (MT)
Principais títulos:
3 estaduais
Site oficial: www.cuiabaesporteclube.com.br

Clube Esportivo **Dom Bosco**
Mascote: Leão
Cores: azul e branco
Fundação: 4/1/1925
Endereço: Rua Diogo Domingos Ferreira, 145 – Centro/Cuiabá (MT)
Principais títulos:
6 estaduais
Site oficial: não tem

Mixto Esporte Clube
Mascote: Tigre
Cores: preto e branco
Fundação: 20/5/1934
Endereço: Av. Historiador Rubens de Mendonça, 2.254, 10° andar, sala 1005 – Bosque da Saúde/Cuiabá (MT)
Site oficial: www.mixtoec.com.br

Quem brilhou em Cuiabá?

TOSTÃO

Se você perguntar por Luiz Antonio Fernandez em Cuiabá, poucos saberão dizer de quem se trata. Mas, se preferir simplificar e perguntar por Tostão, todos terão a resposta na ponta da língua.

Dono de um futebol elegante, técnico e oportunista, Tostão ganhou, ainda nas categorias de base do Santos, em 1975, o mesmo apelido do ex-craque cruzeirense tricampeão do mundo na Copa do México. É verdade que não teve a mesma projeção do xará mais famoso, mas fez sucesso no Centro-Oeste.

Revelado pelo Santos e com passagem discreta pelo Goiás, Tostão chegou ao Mixto em 1980 para entrar na fama. Foi o grande símbolo de um dos melhores times da história do clube, responsável pela inesquecível vitória por 4 a 2 sobre o poderoso Cruzeiro, no Campeonato Brasileiro de 1982.

A atuação de gala abreviou sua permanência em Cuiabá e lhe abriu as portas no próprio clube mineiro, onde fez muito sucesso, assim como no Coritiba. Apesar do pouco tempo nos gramados cuiabanos, Tostão é, sem dúvida, um dos grandes ídolos da história do futebol local.

Arena Pantanal: o palco de Cuiabá

O antigo estádio Governador José Fragelli, o Verdão, já faz parte da história do futebol mato-grossense e está sendo substituído pela moderna Arena Pantanal, projeto que tem as arenas inglesas como inspiração e receberá investimentos de cerca de R$ 350 milhões para sair do papel.

A nova casa do futebol mato-grossense será palco de quatro partidas da primeira fase do Mundial de 2014 e terá capacidade para 42,5 mil torcedores – depois da Copa, serão 28 mil assentos, número mais condizente com a demanda do esporte no estado.

O projeto prevê a eliminação do velho fosso, garantindo maior proximidade do público com o gramado e sua arquitetura prioriza a ventilação, para tentar minimizar os efeitos do verão cuiabano, quando a temperatura se aproxima dos 40°C.

Outro destaque é a inclusão de grandes áreas verdes e de lazer no entorno do complexo, incluindo um bosque, lagos com pedalinho e pista para caminhada.

O complexo da Arena Pantanal oferecerá ainda restaurantes, hotéis e uma área de estacionamento para 15 mil veículos.

MAIS SOBRE A ARENA PANTANAL
Antigo nome: Estádio Governador José Fragelli, o Verdão
Jogo inaugural: Mixto 2x0 Dom Bosco, em 8/4/1976
Autor do primeiro gol: Pastoril, ex-meia do Mixto
Recorde de público: 47.324, no jogo Mixto 1x7 Flamengo, em 10/2/1980
Jogos do Brasil: quatro jogos e quatro vitórias

CURITIBA

Área: 434,9 km²
População: 1.860.000 hab.
Data de aniversário: 29 de março
Quem nasce em Curitiba é: curitibano
Clima: subtropical úmido, com as quatro estações bem definidas
Temperatura durante a Copa do Mundo (junho/2014) entre 9°C e 18°C
Aeroporto: Internacional Afonso Pena

A cidade-modelo e o exemplo do Mundial

Curitiba carrega com orgulho o título de Cidade-modelo, recebido a partir da década de 1970, quando um plano urbanístico diferenciado, com base em um sistema integrado de transportes, foi o indutor de seu desenvolvimento de forma harmoniosa, com avenidas largas e arborizadas.

Modelo no desenvolvimento urbanístico, com fortes características europeias, graças à inspiração dos imigrantes alemães, poloneses, italianos e ucranianos, Curitiba também dá exemplo nos índices de qualidade de vida oferecidos aos seus moradores: com numerosos parques públicos, com opções de lazer para todos os gostos e capazes de atrair visitantes de todo o país, a cidade mantém grande quantidade de áreas verdes, com 64 m² de área por habitante, índice cinco vezes superior ao recomendável pela ONU.

O desenvolvimento organizado de Curitiba serviu como inspiração para o crescimento de seu futebol. Embora não possa competir com os grandes clubes do país, especialmente de São Paulo e do Rio de Janeiro, em nível de investimento e torcida, Atlético, Coritiba e Paraná Clube apostam na organização para crescer.

A aposta é acertada e hoje estes três clubes contam com bons estádios – a Arena da Baixada, do Atlético, está sendo modernizada para receber o Mundial – e times bem-estruturados, que não se cansam de revelar talentos para o futebol nacional e se revezam na disputa de títulos: Atlético e Coritiba já conquistaram o Brasileirão e, nos últimos anos, têm beliscado participações na Copa Libertadores, principal competição do continente.

O mesmo modelo que serviu de inspiração para o desenvolvimento da cidade e do futebol paranaense é a aposta para que a Copa do Mundo tenha em Curitiba um cenário exemplar. Além da modernização da Arena da Baixada, estão previstas novas melhorias no sistema de transporte coletivo, com a construção de corredores BRT e a revitalização dos corredores e terminais já existentes; além da remodelação do aeroporto Afonso Pena.

Uma receita que Curitiba adota com sucesso há décadas e que volta a ser repetida na preparação para o Mundial. Será bem-sucedida? Ninguém duvida disso. Em Curitiba, seu povo sabe qual é o caminho para o êxito.

O lado Turístico

JARDIM BOTÂNICO

Ainda que você jamais tenha estado ali, a imagem certamente lhe será familiar: a estufa com três abóbodas do estilo *art nouveau*, inspirada no Palácio de Cristal de Londres, diante de um estupendo jardim em estilo francês. Essa é a mais marcante paisagem do Jardim Botânico de Curitiba, um dos mais famosos cartões-postais da capital paranaense.

Inaugurado em 1991, o Jardim Botânico reúne milhares de exemplares vegetais do Brasil e de diversos outros países dos cinco continentes, ao longo de uma série de alamedas e estufas de ferro e vidro.

O complexo conta ainda com o Espaço Cultural Frans Krajcberg, que reúne obras de arte e fotos do artista polonês, numa exposição permanente para o estímulo da conscientização ambiental; e o Museu Botânico, com auditório, centro de pesquisas, biblioteca especializada e sala de exposições. Tudo junto num espaço com 178 mil m² de uma paisagem delicada, belíssima e que você não pode deixar de conferir de perto.

ÓPERA DE ARAME

Você já deve ter visitado diversos teatros, mas irá rever todos os seus conceitos sobre o assunto quando conhecer a Ópera de Arame, um inusitado teatro construído no complexo do Parque das Pedreiras, onde também se encontra a Pedreira Paulo Leminski.

O teatro foi construído com tubos de aço e estruturas metálicas e coberto com placas transparentes de policarbonato, que lhe garantem a aparência de uma frágil estrutura de arame.

A extraordinária paisagem ganha ainda mais beleza porque a Ópera de Arame está localizada entre lagos, cascatas e a vegetação típica de Mata Atlântica da capital paranaense. O espaço tem capacidade para receber cerca de 1.500 espectadores e já sediou apresentações marcantes, entre elas, a festa de 300 anos da cidade, em 1993, com apresentação da Orquestra Sinfônica Brasileira, num concerto do tenor catalão José Carreras.

SANTA FELICIDADE

É o ponto gastronômico de Curitiba, com opções para todos os paladares e destaque especial para a culinária italiana, marcante num bairro cuja origem está associada aos primeiros passos da imigração italiana na capital.

Além das saborosas massas, dos queijos, salames e vinhos artesanais, Santa Felicidade é uma boa pedida para os fãs da arquitetura, que podem conferir as singularidades da Igreja Matriz de São José, da Casa dos Gerânios, da Casa dos Painéis, da Casa Culpi, da Casa das Arcadas e, principalmente, do cemitério, com seu panteão formado por 18 capelas em estilo neoclássico.

Depois de uma saborosa refeição e do passeio pelas construções mais famosas do bairro, sair às compras pode ser outra boa pedida. Prepare-se para presentear os amigos ou equipar sua própria casa com os artigos das vinícolas e das lojas de artesanato e de móveis de vime, outras atrações famosas do local.

PARQUE BARIGUI

Capital ecológica do país, Curitiba tem 33 parques públicos e bosques. E um dos mais agitados é o Parque Barigui, com área total de 1,4 milhão de metros quadrados. "Campeão de audiência", não foi por acaso que o Barigui foi escolhido com o ponto de encontro dos torcedores curitibanos e receberá a *Fan Fest* durante a Copa do Mundo.

Criado em 1972, recebe o nome do rio Barigui, que foi represado e hoje forma um grande lago no interior do parque, onde os visitantes podem desfrutar de perto da companhia de diversas espécies animais vivendo ali ao ar livre.

Não bastassem as belezas naturais, o Parque Barigui também é um sucesso de público em razão de sua ótima infraestrutura de lazer, que inclui quiosques com churrasqueiras, quadras poliesportivas, academia de ginástica, trilhas para caminhadas, pistas para bicicletas e patins, além do Museu do Automóvel de Curitiba e do Centro de Exposições da capital, com 10 mil metros quadrados.

Principais clubes

Clube **Atlético Paranaense**
Mascote: Cartolinha
Cores: vermelho e preto
Fundação: 26/3/1924
Estádio: Joaquim Américo (Arena da Baixada), inaugurado em 24/06/1999
Endereço: Rua Petit Carneiro, 57 – Água Verde/Curitiba (PR)
Principais títulos:
1 Campeonato Brasileiro (2001)
1 Série B do Campeonato Brasileiro (1995)
22 estaduais
Site oficial: www.atleticoparanaense.com.br

Coritiba Foot-Ball Club
Mascote: Vovô Coxa
Cores: verde e branco
Fundação: 12/10/1909
Estádio: Major Antônio Couto Pereira, inaugurado em 20/11/1932
Endereço: Rua Ubaldino do Amaral, 37 – Alto da Glória/Curitiba (PR)
Principais títulos:
1 Campeonato Brasileiro (1985)
2 Séries B do Campeonato Brasileiro (2007 e 2010)
36 estaduais
Site oficial: www.coritiba.com.br

Paraná Clube
Mascote: Gralha azul
Cores: vermelho, azul e branco
Fundação: 19/12/1989
Estádio: Durival de Britto (Vila Capanema), inaugurado em 23/1/1947
Endereço: Av. Presidente Kennedy, 2.377 – Vila Guaíra/Curitiba (PR)
Principais títulos:
1 Série B do Campeonato Brasileiro (1992)
1 Copa João Havelange – Módulo Amarelo (2000)
7 estaduais
Site oficial: www.paranaclube.com.br

Quem brilhou em Curitiba?

ALEX

Em 2012, o meia cerebral e goleador revelado pelo Coritiba ainda está em atividade e jogando em alto nível, mesmo já na reta final da carreira. Aos 34 anos, é tratado pela torcida do Fenerbahçe, clube turco que defende há oito anos, praticamente como um semideus, após quase 200 gols e muitos títulos.

A vitoriosa trajetória de Alex no futebol foi iniciada em Curitiba, sua cidade natal, e aos 17 anos ele já se destacava na equipe profissional do Coritiba, que ajudou na campanha de retorno à elite do futebol brasileiro, em 1995. Foram dois anos de um grande futebol no Coxa, até que se transferisse para o Palmeiras.

Em São Paulo, Alex ganhou projeção nacional e ajudou o Palestra na conquista de dois títulos até então inéditos para o clube: a Copa do Brasil, em 1998, e a Copa Libertadores, em 1999. A essa altura, já figurava nas convocações da Seleção Brasileira. Poderia ter partici-pado da campanha do pentacampeonato mundial na Copa de 2002, mas foi esquecido por Felipão.

Azar da Seleção. No ano seguinte, Alex, que até então sofria com a injusta fama de jogador "sonolento", arrebentou e foi o grande líder do Cruzeiro e melhor jogador do país na campanha do título brasileiro.

Depois disso, embarcou para a Turquia, onde brilha até hoje, enquanto a torcida coxa-branca sonha com uma provável volta para, pelo menos, a temporada de despedida no clube do coração.

DJALMA SANTOS

Na Copa do Mundo de 1958, o lateral-direito Djalma Santos disputou somente uma partida, justamente a decisão contra a Suécia, e precisou desses míseros 90 minutos para ser eleito o melhor jogador da posição naquele Mundial.

A curiosa passagem de 1958 é apenas o cartão de visitas daquele que é considerado o maior lateral-direito da história do futebol brasileiro e um dos maiores do planeta na posição. Em 1962, ele ajudou a Seleção Brasileira na conquista do bicampeonato mundial, já como titular de toda a campanha.

Símbolo de longevidade, Djalma defendeu o Portuguesa e o Palmeiras por mais de dez temporadas e soma quase 500 partidas em cada um dos clubes.

Consagrado em São Paulo, seguiu para Curitiba aos 39 anos e defendeu o Atlético Paranaense por mais quatro temporadas, até 1942, quando encerrou a carreira, aos 42 anos no Furacão. Tempo suficiente para ser campeão estadual, em 1970, e conseguir seu espaço como ídolo também da torcida rubro-negra.

RICARDINHO

Tcheco, Lúcio Flávio, Thiago Neves... Em sua ainda curta história, o Paraná Clube se especializou em revelar grandes meias para o futebol brasileiro e nenhum deles brilhou tanto quanto Ricardo Luís Pozzi Rodrigues, o Ricardinho.

Meia técnico, bom cobrador de faltas e goleador, Ricardinho despontou para o futebol brasileiro na década de 1990 e foi tricampeão estadual com o Paraná, entre 95 e 97. Depois, teve rápida passagem pelo Bordeaux, da França, até chegar ao Corinthians, em 98. Ali, explodiu e acumulou títulos: campeão do mundo, bicampeão brasileiro, bicampeão paulista, campeão da Copa do Brasil.

Do Parque São Jorge, ganhou uma chance na Seleção Brasileira e contou com a sorte para ser pentacampeão no Mundial do Japão e da Coreia do Sul, em 2002: já na Ásia, o então capitão Emerson se lesionou e foi cortado pelo técnico Luiz Felipe Scolari, que convocou Ricardinho para substituí-lo.

Depois do Mundial, trocou o Corinthians pelo São Paulo, em uma polêmica transferência. Também atuou por Santos – onde conquistou o Brasileirão de 2004 –, Atlético-MG e Bahia. Em 2006, disputou sua segunda Copa do Mundo, na Alemanha. Defendeu ainda clubes da Inglaterra, Turquia e Catar até encerrar a vitoriosa carreira, em 2011. Agora, dá os primeiros passos como treinador, no mesmo Paraná onde tudo começou.

Arena da Baixada: o palco de Curitiba

Um símbolo de orgulho da torcida do Atlético-PR, a Arena da Baixada será a casa da Copa do Mundo em Curitiba e está recebendo investimentos de cerca de R$ 230 milhões para sediar quatro partidas da primeira fase do Mundial.

Apesar de já ser um dos estádios mais novos e modernos do futebol brasileiro, a Arena está sendo remodelada para se adequar às exigências Fifa para o Mundial, com a complementação do setor de arquibancadas paralelo ao gramado, que elevará sua capacidade para 41 mil torcedores.

O projeto prevê ainda a substituição de todos os assentos e a remodelação da cobertura – todos os assentos do estádio serão cobertos.

A nova Arena da Baixada também está sendo remodelada para ampliar sua capacidade de aproveitamento, mesmo quando o futebol não for a principal atração. O complexo contará com um centro de imprensa, centro comercial, praça de alimentação e área de estacionamento para cerca de dois mil veículos.

MAIS SOBRE A ARENA DA BAIXADA

Nome oficial: Estádio Joaquim Américo

Jogo inaugural: Atlético-PR 2x1 Cerro Porteño (PAR), em 24/06/1999

Autor do primeiro gol: Lucas, ex-atacante do Atlético-PR

Recorde de público: 31.700, no jogo Atlético-PR 4x2 São Caetano, em 16/12/2001

Jogos do Brasil: dois jogos e duas vitórias

FORTALEZA

Área: 313 km²
População: 2.431.415 hab.
Data de aniversário: 13 de abril
Quem nasce em Fortaleza é: fortalezense
Clima: estar no semiárido, mas cercado por montanhas, transforma o clima local, com maior incidência de chuva no verão. A temperatura média é de 26°C
Temperatura durante a Copa do Mundo (junho/2014): 29°C
Aeroporto: Internacional Pinto Martins

Futebol, sol e alegria na terra do humor

A capital cearense reúne as condições necessárias para ser uma das principais portas de entrada do Brasil para os turistas durante a Copa do Mundo de 2014.

Isso porque Fortaleza é a rota mais curta do país para os visitantes europeus, africanos e americanos, graças à sua localização, bem abaixo da linha do Equador. Em pouco mais de seis horas de voo, os turistas poderão desfrutar de uma das mais belas cidades do Nordeste brasileiro.

Tal fato, é uma garantia para que os seis jogos da Copa do Mundo que serão disputados no Castelão, sendo um deles da Seleção Brasileira, fiquem para sempre na história cearense. Um aperitivo para o clássico Fortaleza e Ceará, que divide o estado e costuma arrastar multidões para o estádio.

Quem não conseguir ingresso para os 40 mil lugares disponíveis após a remodelação do Castelão, poderá acompanhar a Copa em um dos pontos turísticos da cidade. A Praia de Iracema vai receber a *Fan Fest* da Fifa e será um ponto de encontro de todas as tribos durante a competição.

Atualmente, Fortaleza está no top 5 das maiores cidades do Brasil. Com cerca de 2,4 milhões de habitantes, oferece inúmeras opções para lazer e entretenimento. As belezas naturais da costa do Sol Nascente e Sol Poente e o clima mais ameno da região serrana próxima à Fortaleza, são locais ideais para a prática de esportes aquáticos. Sem falar do famoso forró, que rola solto por lá...

Estar no Ceará ainda é garantia de sorrisos e mais sorrisos. Shows de humor acontecem diariamente em vários cantos da cidade, uma característica marcante na terra de Chico Anysio, Tom Cavalcante, Renato Aragão, entre outros.

O lado Turístico

JERICOACOARA

Localizada no Oeste do estado, a cerca de 280 km de Fortaleza, Jericoacoara é um paraíso natural.

A vila de pescadores situada entre as dunas está cercada por lagoas de águas cristalinas. Não por menos, foi eleita uma das dez praias mais belas do mundo pelo jornal americano Washington Post.

Além da beleza natural, Jeri (como é carinhosamente chamada) é um lugar privilegiado para a prática de windsurfe, kitesurfe, surfe e vela. Se sua praia não é essa, não esquente. Você pode curtir as dunas com passeios de buggy, quadriciclo ou fazer sandboard.

BEACH PARK

Localizado em Aquiraz, região metropolitana de Fortaleza (cerca de 20 km da capital), o parque aquático, apontado como o maior da América Latina, recebe mais de 700 mil pessoas por ano.

Ele é composto por uma praia, resort, piscina com ondas e dezenas de opções de toboáguas, cachoeiras e brinquedos para entreter de crianças a idosos.

O local, que já virou ponto de referência para quem visita o Ceará, pode receber até oito mil pessoas por dia.

PARQUE ECOLÓGICO DO COCÓ

Mais de mil hectares, numa área que vai desde a foz do rio Cocó, formam um Parque Ecológico que leva o nome da principal bacia hidrográfica da região.

Além de importante para proteção ambiental, o Parque Ecológico do Cocó transformou-se em uma imensa área de lazer em Fortaleza. Na parte urbanizada, quadras esportivas, pistas de cooper, parques infantis, anfiteatro, espaço para shows e várias trilhas ecológicas formam o grande leque de opções.

PRAIAS

O cardápio é extenso e atende a todos os gostos. As praias de Fortaleza são um capítulo à parte para os turistas. A de Iracema é procurada não apenas durante o dia; ela virou point no entardecer, para quem deseja ver um pôr do sol inesquecível. À noite, oferece muita badalação, com opções de bares e restaurantes.

Já a Praia do Futuro tem uma paisagem deslumbrante, além de ser conhecida pela limpeza. As barracas da região vendem comidas típicas, como a caranguejada, um dos pratos mais procurados na cidade.

Principais clubes

Ceará Sporting Club
Mascote: Vovô
Cores: preto e branco
Fundação: 2/6/1914
Endereço: Avenida João Pessoa, 3.532 – Porangabuçu/Fortaleza (CE)
Principais títulos:
41 estaduais
Site oficial: www.cearasc.com

Fortaleza Esporte Clube
Mascote: Tricolor de aço e Leão
Cores: vermelho, azul e branco
Fundação: 18/10/1918
Endereço: Av. Senador Fernandes Távora, 200 – Pici/Fortaleza (CE)
Principais títulos:
39 estaduais
Site oficial: www.fortalezaec.net

Quem brilhou em Fortaleza?

SÉRGIO ALVES

O apelido de "carrasco do Fortaleza" explica bem o porquê de Sérgio Alves ser idolatrado pela torcida do Ceará.

O atacante, nascido em 1970, viveu dias gloriosos no Vozão, tendo marcado mais de 250 gols. Participou da conquista de quatro títulos estaduais e também da campanha do vice-campeonato da Copa do Brasil em 1994, em derrota para o Grêmio, até hoje contestada pela torcida, que se sentiu prejudicada pela arbitragem.

Artilheiro de uma edição da Série B pelo Ceará, Sérgio Alves encerrou a carreira em 19 de junho de 2010, em derrota para o ABC, de Natal, por 2 a 1, no Castelão, em partida válida pela Copa do Nordeste. Substituído no fim do primeiro tempo, o atacante deu a volta olímpica e se emocionou com as homenagens da torcida.

Sérgio tem no currículo passagens por Fluminense, Bahia, Guarani, Ponte Preta, Santa Cruz e ABC, entre outros. Após pendurar as chuteiras, não deixou o clube cearense: já comandou as categorias de base, foi assistente técnico do time profissional e até dirigiu o time principal interinamente.

MIRANDINHA

Francisco Ernandi Lima da Silva, o Mirandinha, ficou conhecido como "Fominha", graças ao estilo de jogo. Rápido, gostava de correr com a bola dominada e muitas vezes não servia aos companheiros.

O atacante se destacou por Palmeiras e Corinthians e foi o primeiro brasileiro a jogar no futebol inglês, pelo Newcastle. Chamou a atenção após fazer, no mítico estádio de Wembley, um gol pela Seleção Brasileira sobre a Inglaterra.

Em 1991, foi contratado pelo Fortaleza e rapidamente caiu nas graças da torcida. Fez gols marcantes na decisão do Estadual daquele ano, o mais importante na final contra o Ceará, que valeu o título ao Tricolor de Aço. Ainda teve passagens pelo futebol português e japonês.

Quase 20 anos depois, voltou ao clube como assistente técnico e depois foi efetivado no mesmo Paraná onde tudo começou.

MIRANDINHA

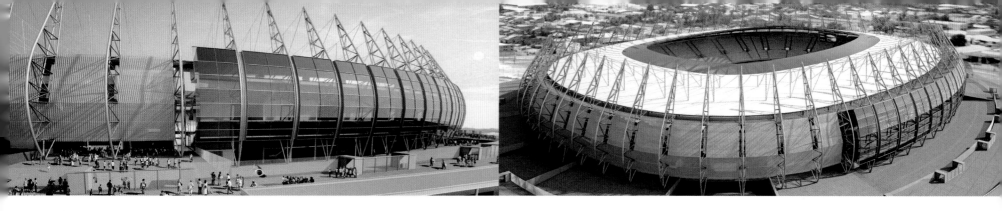

Castelão: o palco de Fortaleza

O Castelão ganhará cara nova para a Copa de 2014. A começar pela capacidade de público, que cairá de 70 mil para 40 mil espectadores.

O novo estádio permitirá que o público fique mais próximo do jogo. A distância daqueles que ficarem sentados nas cadeiras inferiores para o campo será de 10 metros. Até então, este número chegava a 40 metros. Outro ponto importante do projeto é a cobertura, que protegerá 100% dos torcedores.

A previsão é de que R$ 500 milhões serão investidos no Castelão, que ganhará um setor de estacionamento para quase dois mil veículos, restaurante e área VIP.

Na reforma do Castelão, também está prevista a reutilização de todo o concreto do estádio demolido, o que garantirá à obra o selo verde de "construção sustentável". A previsão é de que ele será reciclado e usado para pavimentar o estacionamento.

MAIS SOBRE O CASTELÃO

Nome: O Estádio Governador Plácido Castelo foi inaugurado com o maior clássico cearense. Um dos convidados da grande festa foi Lêonidas da Silva, um dos primeiros grandes craques do país.

Jogo inaugural: Ceará 0x0 Fortaleza, em 11/11/1973

Autor do primeiro gol: Erandy Pereira, do Ceará, em partida contra o Vitória, em 18/11/1973

Recorde de público: 118.496, no jogo Brasil 1x0 Uruguai, em 27/8/1980

Jogos do Brasil: sete jogos, com seis vitórias e uma derrota

MANAUS

Área: 11.400 km²
População: 1.802.525 hab.
Data de aniversário: 24 de outubro
Quem nasce em Manaus é: manauara
Clima: equatorial quente e úmido, com chuvas abundantes
Temperatura durante a Copa do Mundo (junho/2014): 28°C
Aeroporto: Brigadeiro Eduardo Gomes

Uma celebração da bola com a ecologia

O coração verde do planeta também vai respirar futebol em 2014. Manaus, a capital do Amazonas, é a representante da Região Norte na Copa do Mundo.

Cidade mais populosa da região amazônica, a "Mãe dos deuses" sabe muito bem que o evento será uma oportunidade espetacular para divulgar para o mundo sua vocação para o ecoturismo. E, quem sabe, para alavancar, ao menos regionalmente, um esporte sem tanta tradição e resultados fora das fronteiras estaduais.

A demolição do Vivaldão para se construir a Arena da Amazônia dará aos clubes locais um grande palco. Grande até demais para o tamanho do Campeonato Amazonense. Tanto que a expectativa pós--Copa é usá-lo apenas para grandes shows e amistosos com a presença de alguns gigantes do futebol nacional.

Apesar do rótulo de cidade turística, Manaus representa uma parcela importante da produção industrial brasileira. A Zona Franca, polo de grandes empresas, faz com que a cidade tenha o sexto maior Produto Interno Bruto (PIB) do país. É o motor econômico da região!

Para a Copa, Manaus deve receber um investimento de quase R$ 3 bilhões, ficando atrás apenas de São Paulo e Rio de Janeiro. Além do estádio e da reforma do aeroporto, o principal investimento será na mobilidade urbana.

O Memorial Encontro das Águas, onde os rios Negro e Solimões se juntam, será construído como palco da *Fan Fest* da Fifa em Manaus. Uma celebração da bola com a ecologia em seu estado mais bruto.

O lado Turístico

FLORESTA AMAZÔNICA

Mais de sete milhões de quilômetros quadrados, que se estendem por nove países da América do Sul. A maior floresta tropical do planeta, tão rica quanto desconhecida em sua total biodiversidade. Estima-se que 60% das formas de vida do planeta estejam ali, sendo que a metade ainda não foi descoberta e catalogada pela ciência.

A Amazônia se estende por três regiões (Norte, Centro-Oeste e Nordeste) e nove estados brasileiros (Amazonas, Pará, Roraima, Rondônia, Acre, Amapá, Maranhão, Tocantins e Mato Grosso).

Um espetacular manancial turístico, que atrai gente dos quatro cantos do planeta. Expedições a pé ou de barco, hotéis encravados na selva, visual deslumbrante... Mas também uma preocupação constante com a preservação. A ação criminosa do ser humano faz com que os efeitos climáticos sejam sentidos em vários lugares da Terra. Impedir o desmatamento é um dos principais desafios desta geração.

PARINTINS

O Festival Folclórico de Parintins é o evento cultural mais aguardado do estado. Realiza-se nos últimos dias do mês de junho, e é chamado popularmente de a "festa do boi".

A disputa entre Caprichoso (simbolizado por uma estrela azul) e Garantido (um coração vermelho) se faz em grandes apresentações, com carros alegóricos e fantasias, inspirados no folclore lo-

cal, em lendas indígenas e costumes amazônicos. O atual formato teve início em 1964.

As torcidas, com rivalidade semelhante às dos grandes clubes de futebol do país, se dividem no Bumbódromo, local com capacidade para receber 35 mil pessoas. O espetáculo acontece dentro da arena, com o desfile de cada boi. Nas arquibancadas, a coreografia das torcidas chama a atenção. Enquanto uma está em ação, a outra assiste, em silêncio, para não prejudicar o espetáculo.

A viagem de Manaus a Parintins costuma ser feita de barco. Lanchas mais rápidas fazem o percurso de 420 km em até oito horas. Outras, mais lentas, chegam a demorar uma dia para concluir o trajeto.

TEATRO AMAZONAS

A imponente construção é um dos marcos culturais de Manaus. O teatro foi erguido no fim do século XIX, num período em que a região tinha a borracha como grande indutor da economia.

Com projeto arquitetônico rico em detalhes, o Teatro Amazonas compõe, com o Mercado Municipal e a Alfândega, um trio de preciosidades.

Chama a atenção a cúpula nas cores da bandeira do Brasil e a ornamentação com máscaras nas colunas internas, em homenagem a ícones da música clássica e da dramaturgia nacional.

Principais clubes

Nacional Futebol Clube
Mascote: Leão e Aguia
Cores: azul e branco
Fundação: 13/1/1913
Endereço: Rua São Luiz, 230 –
Adrianópolis/Manaus (AM)
Principais títulos:
40 estaduais
Site oficial: www.nacionalfc.com.br

Atlético **Rio Negro** Clube
Mascote: Galo
Cores: preto e branco
Fundação: 13/11/1913
Endereço: Av. Epiminondas, 260 –
Centro/Manaus (AM)
Principais títulos:
16 estaduais
Site oficial: www.rionegroclube.com

Quem brilhou em Manaus?

ADERBAL LANA

O mineiro de Uberlândia é, atualmente, um ícone do futebol amazonense.

O técnico já comandou os times Fast, Nacional, Penarol, Rio Negro, São Raimundo e Princesa do Solimões, ou seja, mais de 50% dos clubes que disputam o campeonato local.

Sem papas na língua, costuma reclamar da estrutura, da intromissão de cartolas em seu trabalho e da qualidade dos atletas. Ainda assim, gira pelos principais clubes do estado e acumula títulos por vários deles.

Arena da Amazônia: o palco de Manaus

Nada mais apropriado para Manaus do que batizar o estádio da Copa de 'Arena da Amazônia'.

Palco de quatro jogos na competição, o novo equipamento esportivo substituirá o antigo Vivaldão (Vivaldo Lima), no Centro da cidade. O antigo estádio, fundado em 1970, tinha capacidade para 43 mil pessoas antes da demolição. Para a Copa, serão 44.310 lugares.

O projeto, com dois pavimentos, recheados por camarotes, foi inspirado no Soccer City, um dos principais estádios da Copa de 2010, na África do Sul.

Uma peculiaridade em relação às outras sedes é que os jogos do Mundial acontecerão somente no fim da tarde ou início da noite, respeitando o clima da região.

Mesmo reaproveitando material da demolição do Vivaldão, a Arena da Amazônia terá custo de aproximadamente R$ 600 milhões.

MAIS SOBRE A ARENA DA AMAZÔNIA

Antigo nome: Vivaldo Lima

Jogo inaugural: Seleção Brasileira B 4x1 Seleção do Amazonas, em 5/4/1970

Autor do primeiro gol: Dadá Maravilha, da Seleção Brasileira

Recorde de público: 56.950 pessoas, no amistoso Fast x Cosmos (EUA), em 9/3/80

Jogos do Brasil: seis jogos, apenas um deles oficial, com cinco vitórias e um empate

NATAL

Área: 170,2 km²
População: 810.780 hab.
Data de aniversário: 25 de dezembro
Quem nasce em Natal é: natalense
Clima: tropical úmido, quente e chuvoso
Temperatura durante a Copa do Mundo (junho/2014): entre 22°C e 30°C
Aeroporto: Internacional Augusto Severo

Sol e bola rolando: uma dupla afinada em Natal

Conhecida como "Cidade do Sol", Natal se transformará, por 30 dias, em "Cidade da Bola". E está entusiasmada com essa breve concessão. O Mundial é encarado como uma ótima oportunidade para impulsionar o futebol local, onde as estrelas são ABC e América, protagonistas do "Clássico-Rei".

Uma mudança que terá sua primeira marca no palco das partidas, pois o velho Machadão foi demolido e dará lugar à Arena das Dunas, que está em construção e já se destaca no papel de "palco verde" da Copa, graças às características sustentáveis de seu projeto.

Mas as transformações promovidas pelo Mundial não se restringem ao futebol. Até 2014, a cidade deverá receber investimentos próximos de R$ 2 bilhões para a execução de importantes intervenções, como a implantação do sistema de Veículos Leves sobre Trilhos (VLT), o prolongamento e a revitalização de importantes avenidas, e a construção de um novo complexo aeroportuário em São Gonçalo do Amarante.

Novidades que, somadas ao sol sempre presente, às paisagens paradisíacas de praias, dunas, piscinas naturais, chapadões e falésias, à ótima gastronomia e ao peculiar artesanato local, farão de Natal uma cidade ainda melhor. E roteiro obrigatório durante o Mundial. Mesmo que sua seleção não tenha o privilégio de estar ali.

O lado Turístico

PRAIA DE PIPA

Pense num local onde você possa curtir golfinhos e tartarugas marinhas praticamente ao seu lado. Ou onde você possa se maravilhar com a beleza de piscinas naturais de águas mornas e cristalinas, falésias ainda cobertas pela Mata Atlântica, dunas e despenhadeiros. Já imaginou? Então, continue porque ainda tem mais.

Pense num local que ofereça divertidos passeios de buggy, barco, caiaque ou a cavalo. Ou com restaurantes charmosos, de nível internacional; um local com baladas para todos os gostos. Você pensou na Praia de Pipa!

Um dos destinos mais "quentes" do país, Pipa está localizada no município de Tibau do Sul, a apenas 80 km de Natal. Em seu nome, uma curiosidade: a vila que deu origem ao local foi assim batizada porque, à distância, uma de suas formações rochosas, a Pedra do Moleque, assemelha-se a um barril de vinho. Nome mais do que apropriado. A paisagem e as atrações de Pipa são capazes de "embriagar" qualquer visitante.

PASSEIO DE BUGGY

Quando você estiver em Natal, reserve ao menos um dia – depois de experimentar, você vai querer repetir – para um inesquecível, agitado e divertido passeio de buggy. É nele, com o vento no rosto, muitas vezes rodando sobre as dunas ou à beira-mar, que você poderá desvendar todos os segredos da capital potiguar.

Os roteiros são variados, mas há algumas paradas obrigatórias: o improvável passeio de dromedário, um drinque dentro das águas da Lagoa de Genipabu, os divertidos esqui-bunda e aerobunda, o mergulho de snorkel em Maracajaú e a praia de Punaú, que reúne dunas, coqueirais e aonde o encontro entre o rio e o mar formam o curioso "rio da Coca-Cola". É tanta coisa boa que todo mundo pede *bis*.

Se você for encarar essa diversão, vale apenas a lembrança: faça o passeio sempre com um bugueiro cadastrado pela Prefeitura – existem cerca de 600 na capital – e não se esqueça do boné e do protetor solar porque o sol será sua companhia durante todo o passeio.

CENTRO MUNICIPAL DE ARTESANATO

Os produtos do artesanato, como bordados, bijuterias, redes, tapeçarias e objetos em couro ou madeira são uma marca registrada em todo o Nordeste, mas poucas cidades oferecem infraestrutura tão especial quanto Natal.

A cidade que anualmente promove a Feira Internacional de Artesanato (Fiart), conta ainda com o Centro Municipal de Artesanato, uma espécie de shopping do setor, com três pavimentos e inúmeros expositores.

É ali que o visitante à procura de uma lembrança para quem ficou em casa também encontra camisetas com a capital potiguar e suas belezas naturais como tema.

O espaço é tão grande e a oferta de opções tamanha que é impossível reservar apenas alguns minutos ao passeio. Por isso, quando a fome apertar, você também poderá se deliciar com as guloseimas locais, com destaque para as castanhas de caju, tapiocas e até mesmo pastéis de frutos do mar.

PRAIA DO FORTE

Naturalmente, todas as rotas em Natal levam o turista para a Praia do Forte, que há quatro séculos abriga a Fortaleza dos Reis Magos, marco inicial da cidade e um de seus principais cartões-postais. Movimento que, durante o Mundial do Brasil, será obrigatório: afinal, a *Fan Fest* natalense será realizada ali.

Uma mistura imperdível para o visitante que, em meio à confraternização com os demais torcedores durante os jogos, poderá conferir uma rica programação cultural e também a beleza do local, protegido por arrecifes que formam piscinas naturais de águas cristalinas.

Principais clubes

ABC Futebol Clube
Mascote: Elefante
Cores: preto e branco
Fundação: 29/6/1915
Estádio: Maria Lamas Farache
(apelidado Frasqueirão), inaugurado
em 22/1/2006
Endereço: Av. Deputado Antônio
Florêncio de Queiroz, s/nº - Rota do
Sol-Ponta Negra/Natal (RN)
Principais títulos:
01 Série C do Campeonato Brasileiro
(2010)
52 estaduais
Site oficial: www.abcfc.com.br

América Futebol Clube
Mascote: Dragão
Cores: vermelho e branco
Fundação: 14/7/1915
Estádio: não tem
Endereço: Av. Rodrigues Alves, 950 -
Tirol/Natal (RN)
Principais títulos:
33 estaduais
Site oficial: www.americadenatal.com.br

Quem brilhou
em Natal?

SOUZA

Baixinho, habilidoso e cerebral, o potiguar Souza escreveu seu nome na história do América em dois momentos distintos de sua carreira: primeiro, no início da década de 1990, como a promessa das categorias de base que começava a brilhar; depois como o craque consagrado que comandou o time na campanha que recolocou o Dragão na elite do futebol brasileiro, em 2006.

Nesse intervalo, Souza escreveu uma bela história nos gramados brasileiros, com uma passagem marcante pelo Corinthians entre 94 e 98, onde conquistou dois estaduais e a Copa do Brasil (95); e outra pelo Atlético-PR, que ajudou na conquista do inédito título brasileiro, em 2001.

Também defendeu outros gigantes do futebol brasileiro, como São Paulo, Flamengo e Atlético-MG, e, no auge da carreira, teve breve passagem pela Seleção, entre 95 e 96.

Em 2009, já veterano, voltaria ao América para uma terceira e derradeira passagem pelo clube do coração. Mantinha o status de xodó e grande ídolo da torcida, mas acabou vencido pela sequência de lesões no tornozelo e encerrou a carreira, em 2011.

MARINHO CHAGAS

Dono de um chute potente e de um futebol irreverente e extremamente ofensivo num período em que seus companheiros de posição tinham a marcação como prioridade, Marinho Chagas é um símbolo do futebol potiguar.

Ao lado do ex-rubro-negro Dequinha, Marinho figura entre os únicos atletas do estado a terem participado de uma Copa do Mundo. Ele foi o titular da lateral esquerda da Seleção Brasileira no Mundial de 1974, na Alemanha.

Quando chegou à Seleção, o "Canhão do Nordeste" era uma das estrelas do Botafogo. Mas, antes disso, já havia brilhado em sua terra natal. Com apenas 18 anos, foi campeão potiguar pelo ABC, em 1970.

Durante a carreira, defendeu 13 clubes, incluindo passagens nos Estados Unidos e na Alemanha, e também no América de Natal, já no final da carreira, em 1985.

MARINHO CHAGAS

Arena das Dunas: o palco de Natal

O local continua o mesmo, mas o torcedor potiguar que se acostumou a acompanhar as principais partidas de futebol do estado no tradicional estádio João Cláudio de Vasconcelos Machado, o Machadão, terá um cenário novo a partir de 2014, com a entrega das obras do complexo da Arena das Dunas.

A Arena das Dunas está sendo erguida na área que até então abrigava o Machadão e o ginásio poliesportivo Machadinho, demolidos em outubro de 2011. O investimento para tirar o projeto do papel foi de R$ 400 milhões.

O novo estádio terá capacidade para 42 mil torcedores durante a Copa do Mundo – dez mil lugares serão móveis, podendo ser removidos para se adequar aos eventos pós-Mundial – e receberá quatro partidas, todas válidas pela primeira fase do torneio.

No projeto, destaca-se a sustentabilidade. A captação de energia para a Arena das Dunas será feita por meio de painéis solares e haverá um sistema de reaproveitamento da água. O estádio oferecerá ainda restaurantes, camarotes e 1.729 vagas de estacionamento.

MAIS SOBRE A ARENA DAS DUNAS
Antigo nome: Estádio João Cláudio de Vasconcelos Machado (o Machadão)
Jogo inaugural: rodada dupla para ABC 1x0 América e Vasco da Gama 0x0 Seleção Brasileira Olímpica, em 4/6/1972
Autor do primeiro gol: William, do ABC
Recorde de público: 53.320, no jogo ABC 0x2 Santos, em 29/11/1972
Jogos do Brasil: um jogo e uma vitória

PORTO ALEGRE

Área: 496,8 km²
População: 1.420.000 hab.
Data de aniversário: 26 de março
Quem nasce em Porto Alegre é: porto-alegrense
Clima: subtropical úmido, com as quatro estações bem definidas
Temperatura durante a Copa do Mundo (junho/2014): entre 2ºC e 20 ºC
Aeroporto: Internacional Salgado Filho

Uma cidade que respira futebol

Capital do Rio Grande do Sul, estado mais meridional do Brasil e fronteiriço a Argentina e Uruguai, Porto Alegre reúne dois dos mais importantes clubes do futebol brasileiro e, agitada pela enorme rivalidade entre Grêmio e Internacional, respira futebol.

No trabalho, na escola, nos bares ou em seus belos parques, é impossível circular pelas ruas da cidade e manter-se indiferente a essa rivalidade que divide Porto Alegre entre o azul tricolor e o vermelho colorado.

Uma rivalidade sadia que, ano após ano, impulsiona o crescimento dos multicampeões Grêmio e Internacional – juntos eles colecionam títulos internacionais e nacionais, como o Mundial de Clubes, a Libertadores, o Brasileirão e a Copa do Brasil – e que agora também será responsável por impulsionar um novo ciclo de desenvolvimento para Porto Alegre.

Afinal, se há uma causa em comum entre tricolores e colorados, entre o povo gaúcho de modo geral, é o orgulho por sua terra. E esse povo, certamente, estará mobilizado para fazer de Porto Alegre um grande e vitorioso palco para a Copa do Mundo de 2014.

Se hoje o povo gaúcho já se orgulha de sua capital, rica e desenvolvida, com o mais alto Índice de Desenvolvimento Humano (IDH) entre as cidades brasileiras com mais de um milhão de habitantes, o planejamento é fazer do Mundial um marco para a consolidação de novas conquistas para a cidade.

Até a Copa, Porto Alegre receberá investimentos de cerca de R$ 500 milhões somente em projetos de mobilidade urbana, para a ampliação de avenidas e a implantação de corredores exclusivos ao transporte coletivo.

A proposta é garantir que os novos projetos estruturantes torne ainda mais agradável a visita a uma cidade repleta de contrastes, que une a força de seu parque industrial à preservação de grandes áreas verdes, como os parques da Redenção e Moinhos de Vento (o "Parcão"), que ajudam no "colorido" de uma cidade com mais de um milhão de árvores.

O mesmo contraste registrado entre os passeios até certo ponto bucólicos às margens do Guaíba para apreciar um magnífico pôr do sol; e a agitação noturna dos bares localizados na Cidade Baixa, ponto alto da boemia porto-alegrense.

Exatamente o mesmo contraste que sempre separou a paixão de tricolores e colorados pelo futebol e que agora responde por sua união em prol de um Mundial inesquecível para Porto Alegre e todo o povo gaúcho.

O lado Turístico

LINHA TURISMO

Mercado Público, Usina do Gasômetro, Praça da Matriz, Santuário Mãe de Deus. Um ônibus colorido, com dois andares e quatro metros de altura, oferece ao visitante a oportunidade de conhecer alguns dos principais pontos turísticos da capital gaúcha num agradável passeio pela chamada Linha Turismo.

A Linha Turismo está em operação desde 2003 e, de terça a domingo realiza quatro passeios diários em dois roteiros – Tradicional e Zona Sul – monitorados por guias de turismo especializados para o atendimento em inglês e espanhol.

No roteiro Tradicional, o turista conhece o Centro Histórico de Porto Alegre e passa por marcos da cidade, como o Mercado Público, a Praça da Matriz, a Usina do Gasômetro e o Cais Mauá. Já no roteiro Zona Sul, as atrações são o calçadão da Praia de Ipanema e o Santuário Mãe de Deus.

SERRA GAÚCHA

Que tal brincar na neve e curtir temperaturas abaixo de zero num país conhecido pelo sol escaldante e pela beleza de suas praias? Nos meses de junho e julho, a Serra Gaúcha, distante apenas 120 km de Porto Alegre, pode reservar essas agradáveis surpresas a você.

Além do friozinho incomum, a região oferece ao visitante belíssimas paisagens naturais – o passeio ao Parque do Caracol, em Canela, é obrigatório – e a sofisticação de municípios como Gramado, Bento Gonçalves, Caxias do Sul e Nova Petrópolis, que preservam a cultura e a gastronomia da imigração europeia, marcante na história gaúcha.

As tradições das colônias italiana e alemã estão presentes em toda a Serra e oferecem ao turista deliciosos pães, queijos, salames, chocolates e vinhos produzidos na região.

As opções de passeio agradam a todos os gostos e incluem visitas às vinícolas e vinhedos da região, parques temáticos e naturais, restaurantes saborosos e festas típicas das colônias.

CHURRASCO

Provar a deliciosa variedade de cortes, aromas e texturas do churrasco é um programa indispensável para todo turista que visita o Brasil. No caso de Porto Alegre, visitar a capital do Rio Grande e não provar o legítimo churrasco gaúcho é... um sacrilégio.

Em Porto Alegre, o turista se depara com deliciosas opções de churrascarias em qualquer ponto da cidade e é impossível resistir às tentações do cardápio: dos cortes tradicionais, como a picanha e o filé mignon, aos cortes portenhos, como o matambre, ou exóticos, como javali, cordeiro, carneiro e avestruz.

A variedade se destaca, mas o carro-chefe e um dos símbolos do legítimo churrasco gaúcho é a costela à moda "fogo de chão", técnica que remonta do século XVII e consiste em espetos de carne fincados na terra assados por um longo período, que varia entre seis e 12 horas, pelas brasas ao redor.

Já está com água na boca? Então, prepare-se. Afinal, deliciosas opções não faltam para que você se renda a um dos principais símbolos da culinária gaúcha.

LARGO GLÊNIO PERES

Desde 1992, o Largo Glênio Peres é o palco de grandes comícios políticos, shows e manifestações culturais em Porto Alegre e, durante a Copa do Mundo, será o ponto de convergência da paixão gaúcha pelo futebol.

Localizado na região central, em frente ao Mercado Público, o Largo Glênio Peres será o palco da *Fan Fest* em Porto Alegre, recebendo shows e exibindo todas as partidas do Mundial na cidade, num palco preparado para receber 26 mil pessoas.

Principais clubes

Grêmio Foot-Ball Porto Alegrense
Mascote: Mosqueteiro
Cores: azul, preto e branco
Fundação: 15/9/1903
Estádio: Olímpico Monumental, inaugurado em 19/09/1954
Endereço: Largo Patrono Fernando Kroeff, 1 – Azenha/Porto Alegre (RS)
Principais títulos:
1 Mundial Interclubes (1983)
2 Copas Libertadores (1983 e 1995)
1 Recopa Sul-Americana (1996)
2 Campeonatos Brasileiros (1981 e 1996)
4 Copas do Brasil (1989, 1993, 1997 e 2001)
36 estaduais
Site oficial: www.gremio.net

Sport Club Internacional
Mascote: Saci
Cores: vermelho e branco
Fundação: 04/4/1909
Estádio: José Pinheiro Borda (apelidado Beira-Rio), inaugurado em 06/04/1969
Endereço: Av. Padre Cacique, 891 – Praia de Belas/Porto Alegre (RS)
Principais títulos:
1 Mundial de Clubes da Fifa (2006)
2 Copas Libertadores (2006 e 2010)
2 Recopas Sul-Americana (2007 e 2011)
1 Copa Sul-Americana (2008)
3 Campeonatos Brasileiros (1975, 1976 e 1979)
1 Copa do Brasil (1992)
41 estaduais
Site oficial: www.internacional.com.br

Quem brilhou
em Porto Alegre?

FALCÃO

Dono de um futebol técnico, elegante e moderno, que aliava a força na marcação à precisão no passe e uma incrível vocação ofensiva para um meio-campista, Paulo Roberto Falcão foi o grande símbolo do Internacional tricampeão brasileiro na segunda metade da década de 1970.

O brilho de seu futebol com a camisa colorada logo o levaria para a Seleção Brasileira e, assim como no Inter, ele também marcou época com a camisa amarela. Disputou duas Copas do Mundo (1982 e 1986) e foi um dos protagonistas da mítica seleção que encantou o mundo na Copa da Espanha.

Ídolo no Internacional, referência na seleção, Falcão construiu ainda uma brilhante carreira no futebol europeu e foi apelidado "Rei de Roma" pela ótima performance no clube italiano.

Ao encerrar a carreira, teve uma breve experiência como treinador e chegou a dirigir a Seleção Brasileira, entre 1990 e 91. Depois, construiu uma sólida carreira como comentarista de futebol até retomar a carreira de treinador, em 2011.

RENATO GAÚCHO

Em 1983, o Grêmio conquistou o mundo ao vencer o Hamburgo, da Alemanha, por 2 a 1, com uma atuação impecável e dois gols daquele que se transformaria em um dos grandes heróis da história tricolor, Renato Gaúcho.

Irreverente dentro e fora de campo, Renato construiu sua história à base de muita habilidade, irreverência, dribles desconcertantes, gols e polêmicas, especialmente com os treinadores que tentavam frear seu gênio indomável. Além do Mundial, conduziu o Tricolor ao bicampeonato gaúcho em 85 e 86.

Depois de brilhar com a camisa tricolor, Renato partiu para o futebol carioca em 86 e colecionou atuações memoráveis com as camisas de Flamengo, Botafogo e Fluminense. Na Seleção, jamais conseguiu repetir o sucesso que teve nos clubes e disputou a Copa da Itália, em 1990.

Encerrou a carreira em 1998 e tornou-se treinador. No biênio 2010-2011, dirigiu o Grêmio e reviveu seu caso de amor e idolatria com a torcida tricolor.

FALCÃO

CAMPEÃO DO MUNDO

Beira-Rio: o palco de Porto Alegre

O estádio Beira-Rio será o palco da Copa do Mundo em Porto Alegre e receberá cinco jogos (quatro na primeira fase e um nas oitavas-de-final), no período entre 15 e 30 de junho de 2014.

Para receber as partidas, o estádio, inaugurado no final da década de 1960, está sendo modernizado e receberá investimentos de R$ 330 milhões.

O projeto de modernização do Beira-Rio prevê a implantação de uma estrutura metálica para cobrir seus 51.300 assentos, cadeiras retráteis, novos elevadores, rampas e torres de escadas, que vão ampliar o conforto oferecido ao torcedor.

O "novo Beira-Rio" também terá o gramado substituído e contará com novos sistemas elétrico e hidráulico, um anel de circulação que circundará todo o estádio, área para restaurantes com 1.000 m² e 44 lojas para exploração comercial.

O projeto prevê ainda um espaço com cinco mil cadeiras VIP, a ampliação do setor de camarotes para 70 unidades e a construção de um edifício-garagem, com três mil vagas de estacionamento, que serão somadas às quatro mil vagas atualmente disponíveis.

As obras deverão ser concluídas até dezembro de 2013.

MAIS SOBRE O BEIRA-RIO

Nome oficial: Estádio José Pinheiro Borda (construído às margens do Guaíba e se popularizou como "o gigante da Beira-Rio")

Jogo inaugural: Internacional 2x1 Benfica (POR), em 06/04/1969

Autor do primeiro gol: Claudiomiro, ex-atacante do Internacional

Recorde de público: 106.554, no jogo Brasil 3x3 Seleção Gaúcha, em 17/06/1972

Jogos do Brasil: dez jogos, com sete vitórias, dois empates e uma derrota

RECIFE

Área: 217,4 km²
População: 1.536.000 hab.
Data de aniversário: 12 de março
Quem nasce em Recife é: recifense
Clima: tropical, com alta umidade relativa do ar
Temperatura durante a Copa do Mundo (junho/2014): Entre 21°C e 29 °C
Aeroporto: Internacional Guararapes (nome oficial: Gilberto Freyre)

Onde o futebol
é uma folia

Já virou chavão: "não existe povo mais apaixonado pelo futebol no Brasil do que o pernambucano!" Não é exagero. Basta uma rápida análise nas médias de público nos jogos de Náutico, Santa Cruz e Sport para se ter a certeza de que o futebol – e a presença nos estádios – faz parte da cultura do povo pernambucano, especialmente em Recife.

Não importa a condição dos estádios, a qualidade técnica das partidas, a divisão do clube: faça chuva ou faça sol, o torcedor encontrará casa cheia e fará a maior folia nas partidas disputadas nos Aflitos, no Mundão do Arruda ou na Ilha do Retiro.

É essa paixão pelo futebol que o visitante poderá conferir de perto em Recife durante a Copa do Mundo. Mas não para aí. Longe disso! Afinal, o recifense é apaixonado pelo esporte de modo geral e o clima e a paisagem locais são um convite para a prática esportiva: do remo à natação, dos esportes à beira-mar na Praia de Boa Viagem ao improvável hóquei sobre patins.

A natureza que tanto contribui para a prática esportiva também é um convite ao turismo. Uma das capitais mais antigas do país, Recife foi fundada em 1537, e seu nome é originário da palavra 'arrecife' – barreira rochosa que se estende por toda sua costa, formando belíssimas piscinas naturais.

A arquitetura é outro atrativo de uma cidade que, um século depois de sua fundação, recebeu forte influência da imigração holandesa, com marcas ainda hoje presentes nas ruas da cidade.

E, assim como o futebol, há ainda outro elemento inseparável de Pernambuco, marcante em Recife: a força e diversidade de sua cultura regional, quando se destacam os tradicionais frevo e forró e movimentos mais recentes, de enorme sucesso entre a juventude, como o Mangue Beat, que mistura a música pop aos sons regionais.

O lado Turístico

GALO DA MADRUGADA

"Ei, pessoal, vem moçada! Carnaval começa no Galo da Madrugada!" Bastam os primeiros acordes e o tradicional refrão para que a folia tome conta das ruas de Recife com o Galo da Madrugada, maior bloco carnavalesco do planeta, que a cada ano leva dois milhões de foliões à capital pernambucana.

Criado em 1978, o bloco nasceu no bairro de São José, com apenas 75 foliões dispostos a resgatar a tradição do Carnaval de rua local. O modesto objetivo logo seria alcançado e o Galo, já no início da década de 1980, se transformaria num fenômeno que hoje atrai a Recife gente de todo o mundo.

Você também não pode ficar fora dessa! E não se preocupe se o Carnaval estiver longe quando você for a Recife. A cada semana, o Galo oferece uma programação especial ao folião disposto a participar de um animado 'arrasta-pé'.

OLINDA

Declarada pela Unesco como Patrimônio Histórico e Cultural da Humanidade, Olinda está a apenas 6 km do Centro de Recife e, fundada em 1535, preserva uma rica história do período colonial no país.

Edificações como o Convento de São Francisco e as igrejas de Nossa Senhora do Amparo e de Nossa Senhora de Guadalupe, todos construídos na primeira metade do século XVII, além do Farol de Olinda, são de tirar o fôlego de qualquer turista.

Mas as atrações do sítio histórico de Olinda não se restringem à arquitetura. O turista também pode conferir a tradição dos bonecos gigantes, que se destacam no cenário ao som de ritmos regionais, como o frevo e o maracatu, e se deliciar com os ótimos restaurantes localizados na orla da cidade, onde os peixes e frutos do mar são o carro-chefe.

PORTO DE GALINHAS

Piscinas naturais de águas mornas e cristalinas, praias de areia branca e paisagens exuberantes. Se o paraíso existe, não é exagero dizer que uma de suas versões pode ser encontrada em Porto de Galinhas, localizado a apenas 60 km de Recife.

E não é só isso. Um dos principais pontos turísticos do Nordeste brasileiro, Porto de Galinhas foi 'descoberta' há relativamente pouco tempo, mas também impressiona pela ótima infraestrutura hoteleira e por uma gastronomia que combina frutos do mar, peixes, massas e pratos típicos da saborosa culinária regional.

MARCO ZERO

O visitante que vai a Recife e não passa pelo Marco Zero não pode dizer que conheceu a cidade. Foi ali que ela nasceu e é nesse cartão-postal que será realizada a *Fan Fest* na capital pernambucana.

Localizado na região central, o Marco Zero, também conhecido por Praça Rio Branco, é o palco das principais atrações do Carnaval recifense e demais shows realizados na cidade. Além disso, chama a atenção pela riqueza e beleza arquitetônica de seu entorno, com uma série de prédios históricos preservados.

Principais clubes

Clube **Náutico** Capibaribe
Mascote: Timbu
Cores: vermelho e branco
Fundação: 7/4/1901
Estádio: Eládio de Barros Carvalho
(Aflitos), inaugurado em 25/6/1939
Endereço: Av. Conselheiro Rosa e
Silva, 1.030 – Aflitos/Recife (PE)
Principais títulos:
21 estaduais
Site oficial: www.nautico-pe.com.br

Santa Cruz Futebol Clube
Mascote: Cobra coral
Cores: vermelho, preto e branco
Fundação: 3/2/1914
Estádio: José do Rego Maciel (Arruda),
inaugurado em 4/7/1972
Endereço: Av. Beberibe, 1.285 – Arruda/
Recife (PE)
Principais títulos:
26 estaduais
Site oficial: www.santacruzfc-pe.com.br

Sport Club do Recife
Mascote: Leão
Cores: vermelho e preto
Fundação: 13/05/1905
Estádio: Adelmar Costa Carvalho (Ilha
do Retiro), inaugurado em 4/7/1934
Endereço: Av. Sport Club do Recife, s/
nº – Madalena/Recife (PE)
Principais títulos:
1 Campeonato Brasileiro (1987)
1 Copa do Brasil (2008)
39 estaduais
Site oficial: www.sportrecife.com.br

Quem brilhou em Recife?

ADEMIR DE MENEZES

Ademir de Menezes estreou com a camisa rubro-negra aos 16 anos e, antes mesmo de completar 20 anos, já havia seguido para o futebol carioca. Mas a passagem relativamente curta pela Ilha do Retiro não impediu que esse pernambucano conquistasse lugar cativo na galeria de grandes ídolos do Sport.

Jogador versátil, com grande habilidade nas arrancadas com a bola dominada e enorme faro de gol, o "Queixada" marcou 22 gols pelo Sport e participou da conquista do bicampeonato estadual, em 1941 e 1942, antes de se transferir para o Vasco da Gama e se consagrar no famoso "Expresso da Vitória".

Na então capital nacional, ele desandou a balançar as redes e, nos 15 anos seguintes, consagrou-se como um dos maiores artilheiros do futebol brasileiro. Foram 533 gols até 1957, quando retornou ao Sport para encerrar sua carreira, números que o colocam no *top ten* dos maiores goleadores do país.

Na Seleção, Ademir também fez história. Foi o artilheiro da primeira Copa do Mundo disputada no Brasil, em 1950, com nove gols. Até hoje, é o maior artilheiro da seleção em um único mundial. Morreu no Rio de Janeiro, aos 73 anos, em 1996.

JORGE MENDONÇA

Ele ainda ostenta a segunda melhor marca da história do Paulistão, com 38 gols no campeonato de 1981, atrás apenas de Pelé e os incríveis 58 gols marcados na edição de 1958. Somente esse feito já garantiria uma menção honrosa à trajetória do meia-atacante Jorge Mendonça no futebol.

Mas, antes mesmo de alcançar essa marca no Paulistão, Jorge Mendonça já tinha uma bela história no futebol, com direito à disputa da Copa do Mundo de 1978, na Argentina, e um lugar de destaque no coração da torcida alvirrubra, que se encantava com seu oportunismo e a maestria em deixar os companheiros na cara do gol para balançar as redes adversárias.

Depois de despontar para o futebol no carioca Bangu, Jorge Mendonça chegou ao Náutico em 1973 e, logo no ano seguinte, ajudou o Timbu na conquista do Estadual. Em três temporadas, marcou 95 gols, tornando-se um dos maiores artilheiros da história do clube. Morreu em Campinas, aos 51 anos, em 2006.

NUNES

Raça, oportunismo, sangue frio para vencer os goleiros adversários. Nunes foi um dos principais artilheiros do futebol brasileiro nos anos 70 e 80 e figura entre os 40 maiores goleadores do país, com 364 gols em 15 anos de carreira.

Depois de uma breve passagem pelo Confiança, do Sergipe, ele "explodiu" no Santa Cruz. Nas três temporadas em que vestiu a camisa 9 tricolor, o "João Danado" marcou 86 gols e foi bicampeão estadual (1976 e 78).

O sucesso no Arruda o levaria à Seleção. Ainda com a camisa tricolor, Nunes teve sua primeira oportunidade em 1978 e disputou 11 amistosos preparatórios para o Mundial da Argentina, com sete gols.

Apesar do bom desempenho, Nunes não foi à Copa, mas chamou a atenção de todo o país e seguiu para o futebol carioca. Desembarcou no Fluminense em 1978, teve rápida passagem pelo futebol mexicano até chegar ao Flamengo, onde atingiria o auge da carreira, sendo decisivo nas conquistas de um Mundial de Clubes, de uma Copa Libertadores e três Brasileiros.

NUNES

Arena Pernambuco: o palco de Recife

O palco pernambucano no Mundial do Brasil será a Arena Pernambuco, que está sendo construída em São Lourenço da Mata, na divisa com Recife e às margens do rio Capibaribe. A Arena, que passará a ser a nova "casa" do Náutico logo depois da Copa, receberá cinco partidas: quatro na primeira fase e uma nas oitavas-de-final.

O projeto da Arena Pernambuco está orçado em R$ 500 milhões e o novo estádio terá capacidade para receber 46 mil torcedores – todos os assentos serão cobertos e não haverá alambrado ou fosso para separar os torcedores do gramado.

A preocupação com o conforto do torcedor é um dos destaques no projeto da Arena, que oferecerá restaurantes, shopping com praça de alimentação e cinemas, museu, teatro e um centro de convenções, além de 4.700 vagas de estacionamento.

Outro destaque do projeto é o estímulo à ocupação de um novo eixo para o desenvolvimento de Recife. A Arena está sendo construída no complexo que abrigará um bairro totalmente novo e planejado, a apenas 19 km do Marco Zero da cidade e o aeroporto.

As obras deverão ser concluídas até dezembro de 2013.

RIO DE JANEIRO

Área: 1.182,296 km

População: 6.093.472 hab.

Data de aniversário: 1/3/1565

Quem nasce no Rio de Janeiro é: carioca

Clima: tropical e tropical de altitude

Temperatura durante a Copa do Mundo (junho/2014): 27°C

Aeroportos: Aeroporto Internacional Antonio Carlos Jobim, o Galeão; e Aeroporto Santos Dumont

Cidade Maravilhosa, cidade da bola

Uma celebração visual deslumbrante. Esse é o Rio de Janeiro das famosas praias, do Cristo Redentor, do Pão de Açúcar, da Lagoa Rodrigo de Freitas, da boemia da Lapa, da constante expansão da Barra da Tijuca... Não apenas pontos turísticos, mas marcas registradas de uma cidade com estilo próprio, com DNA único, que encanta moradores e turistas, que recentemente recebeu da Unesco o título de Patrimônio Mundial. Não à toa, o rótulo de Cidade Maravilhosa lhe cai tão bem.

Capital do Brasil até a fundação de Brasília, em 1960, o Rio de Janeiro será a capital do mundo em 13 de julho de 2014, data da tão esperada final da Copa do Mundo. O reformado Maracanã, local sagrado do futebol mundial, não poderia ser palco melhor para receber tão aguardado espetáculo da bola. Um gigante na construção, que já recebeu quase 200 mil súditos num único jogo, mas minúsculo para receber todos os que por lá viveram tardes e noites memoráveis na torcida pelo clube do coração. Um verdadeiro centro de devoção para quem não consegue tirar os olhos de uma bola durante 90 minutos.

Na terra do Carnaval mais famoso do mundo, mais de seis milhões de pessoas desfilam diariamente. Outros milhares estarão de passagem em 2014, reforçando o status de principal rota turística do Hemisfério Sul do planeta – um aperitivo para outro grande evento que a Cidade Maravilhosa irá receber em 2016: os Jogos Olímpicos.

Certamente, as duas maiores competições esportivas do planeta farão com que o clima quente, outra característica carioca, se eleve ainda mais quando a bola rolar.

O lado Turístico

CRISTO REDENTOR

Uma das novas sete maravilhas do mundo, em eleição realizada em 2007, o Cristo Redentor abençoa o Rio de Janeiro desde 12 de outubro de 1931.

Localizado no morro do Corcovado, o Cristo começou a virar realidade dez anos antes, quando se pensava na comemoração do centenário na Independência do Brasil.

O gigante de 38 metros, tombado pelo Instituto do Patrimônio Histórico e Artístico Nacional, tornou-se atração turística com o passar dos anos, com a construção de elevadores e escadas rolantes. Ganhou também iluminação especial em dias comemorativos.

Inspirou músicos como Tom Jobim, Chico Buarque, Gilberto Gil, Caetano Veloso, Cazuza, entre outros, que exaltaram em suas canções a beleza de um monumento que virou sinônimo do Rio de Janeiro.

PÃO DE AÇÚCAR

Passear pelo bondinho e observar do alto a beleza da Cidade Maravilhosa é uma dádiva. Conhecer sua história, então, é mergulhar por uma época repleta de peculiaridades.

O Pão de Açúcar tem uma simbologia mais do que especial. Aos pés do morro foi fundada, em 1565, a cidade de São Sebastião do Rio de Janeiro, por Estácio de Sá. Localizado em ponto estratégico da Baía de Guanabara, ele virou ponto de observação para defesa contra embarcações invasoras. Para os navegadores, avistá-lo era a certeza de ter chegado a um paraíso no oceano Atlântico.

O teleférico foi inaugurado em 1912. Sessenta anos depois, a linha aérea foi duplicada, fazendo com que dois bondinhos passassem a fazer a viagem dos turistas até o alto do morro. Hoje, o complexo turístico dispõe de lojas, restaurantes, anfiteatros... Um local difícil de ser esquecido por quem já o visitou.

PRAIA DE COPACABANA

Copacabana, a "princesinha do mar". O apelido carinhoso é o endereço de uma das praias mais famosas do planeta, escolhida para sediar a *Fan Fest* na capital fluminense.

Ponto de encontro de pessoas de todas as idades, tribos e nacionalidades. Palco de um Réveillon anual para mais de dois milhões de pessoas, eventos esportivos e shows de grandes nomes da música mundial. Bairro com alta concentração de hotéis de luxo à beira-mar, restaurantes, quiosques e toda infraestrutura necessária para receber turistas e mais turistas. Endereço de ex-presidentes e várias figuras marcantes da classe artística nacional.

Até nas calçadas de pedras portuguesas, com o famoso desenho de ondas, Copacabana é única.

Principais clubes

Botafogo de Futebol e Regatas
Mascote: Manequinho
Cores: preto e branco
Fundação: 12/8/1904
Endereço: Av. Venceslau Brás, 72 - Botafogo, Rio de Janeiro (RJ)
Principais títulos:
2 Campeonatos Brasileiros (1968 e 1995)
1 Copa Conmebol (1993)
19 estaduais
Site oficial: www.botafogo.com.br

Club de Regatas **Vasco da Gama**
Mascote: Almirante
Cores: preto e branco
Fundação: 21/8/1898
Endereço: Rua General Almério de Moura, 131 - São Cristóvão Rio de Janeiro (RJ)
Principais títulos:
1 Libertadores da América (1998)
4 Campeonatos Brasileiros (1974, 1989, 1997 e 2000)
1 Copa do Brasil (2011)
1 Copa Mercosul (2000)
22 estaduais
Site oficial: www.vasco.com.br

Clube de Regatas do **Flamengo**
Mascote: Urubu
Cores: vermelho e preto
Fundação: 17/11/1895
Endereço: Av. Borges de Medeiros, 997 - Gávea, Rio de Janeiro (RJ)
Principais títulos:
1 Mundial Interclubes (1981)
1 Libertadores da América (1981)
6 Campeonatos Brasileiros (1980, 1982, 1983, 1987, 1992 e 2009)
2 Copas do Brasil (1990 e 2006)
1 Copa Mercosul (1999)
32 estaduais
Site oficial: www.flamengo.com.br

Fluminense Football Club
Mascote: Cartola
Cores: verde, branco e grená
Fundação: 21/6/1902
Endereço: Rua Álvaro Chaves, 41 - Laranjeiras, Rio de Janeiro (RJ)
Principais títulos:
3 Campeonatos Brasileiros (1970, 1984 e 2010)
1 Copas do Brasil (2007)
1 Copa Rio Internacional (1952)
31 estaduais
Site oficial: www.fluminense.com.br

Quem brilhou no Rio de Janeiro?

GARRINCHA

"Driblar e driblar com tanta graça e naturalidade. Eis um mistério de Garrincha que só Deus pode explicar." A frase de Armando Nogueira resume bem a característica mais marcante do menino nascido em Pau Grande (RJ) em 18 de outubro de 1933, que conquistaria o mundo.

Ninguém na história do futebol mundial foi tão cruel com os marcadores do que Manuel dos Santos, o Garrincha. O "Anjo das Pernas Tortas" transformou, um por um, todos os seus marcadores em "manés". Foi eleito em uma eleição da Fifa, em 1998, para a seleção de todos os tempos da entidade máxima do futebol mundial.

Pelo Botafogo, estreou em 1953. Foi contratado a pedido de Nilton Santos, outro gênio da bola, que levou, durante um treino, uma bola entre as pernas do então abusado atacante que havia sido reprovado por Vasco e São Cristóvão.

Após 612 partidas pelo Glorioso, marcou 243 gols. Conquistou estaduais, edições do Rio-São Paulo e, principalmente, o mundo. Pela Seleção Brasileira, ganhou as Copas de 1958 e 1962 e ostenta a incrível marca de ter perdido apenas um jogo entre os 61 que fez com a Amarelinha. Infelizmente, foi vencido pelo maior zagueiro que teve pela frente: a bebida. Morreu em 1983, de cirrose hepática.

ZICO

No futebol, o apelido Zico virou sinônimo de craque. Para os rubro-negros, em especial, Arthur Antunes Coimbra é o maior gênio que já apareceu no planeta bola. Nascido na capital carioca, em 3 de março de 1953, o camisa 10 mais fantástico que o Flamengo teve participou das principais conquistas do clube de maior torcida do país: a Libertadores e o Mundial de 81. Fez parte de uma geração talentosa que arrematou ainda quatro edições do Campeonato Brasileiro.

Graças ao corpo franzino e ao bairro de origem, também ganhou outro apelido: "Galinho de Quintino". Esteve em campo em 731 jogos

e fez 509 gols entre 1967 e 1989. Durante este período, fez a breve interrupção para sua passagem pela Udinese, da Itália, de 83 a 85. Pela Seleção Brasileira, participou de três Copas como jogador: 78, 82 e 86. Fez 66 gols em 89 partidas.

Depois de abandonar a carreira de jogador, após uma passagem pelo Kashima Antlers, do Japão, Zico virou treinador, trabalhando nas seleções do Japão e do Iraque, além do clube turco Fenerbahce. Tem sempre o nome especulado para treinar ou ser dirigente do Fla. Em 2010, teve uma rápida passagem como cartola do clube do coração, mas logo teve problemas com outras alas políticas e saiu, com a promessa de não voltar tão cedo.

SEDES DA COPA **129**

CASTILHO

CASTILHO

Ser tratado como santo é para poucos no futebol tricolor. Castilho é um deles. O goleiro, chamado de "São Castilho" pelos torcedores, foi um ícone do Fluminense entre o fim da década de 1940 e meados da década de 60. Disputou 696 partidas pelo clube, passando 255 delas sem sofrer gol.

A idolatria cresceu após Castilho fraturar um dedo mínimo da mão esquerda e ficar afastado dos jogos por dois meses. Para voltar logo ao time, ele autorizou os médicos a amputarem parte de seu dedo. Durante a passagem pelas Laranjeiras, ganhou três títulos estaduais, dois Rio-São Paulo e a Copa Rio, uma espécie de Mundial de Clubes, em 1952. Pela Seleção, esteve nas Copas do Mundo de 50,

54, 58 e 62, sendo titular na segunda delas. Em 2007, 20 anos após a morte, Castilho ganhou um busto na sede do clube. E lá pode ser idolatrado diariamente.

ROBERTO DINAMITE

De maior artilheiro e ídolo do Vasco para a presidência do clube. Assim, *grosso modo*, poderia ser resumida a carreira de Roberto Dinamite. Iniciou sua passagem pelo cruz-maltino – como são chamados os torcedores do Clube de Regatas Vasco da Gama – em 1969, após ser descoberto em Duque de Caxias por um olheiro do clube.

Com apenas 17 anos, passou a atuar na equipe profissional. Daí para a frente, a carreira deslanchou. Os números pelo Vasco impres-

sionam: 1.110 jogos e 708 gols. A identificação com o clube impediu que Dinamite jogasse no Flamengo, maior rival. Após ser vendido para o Barcelona, na Espanha, em 79, ele teve poucas oportunidades e quis voltar para o Brasil. O Rubro-Negro se interessou, mas a pressão da torcida vascaína fez com que ele voltasse para a Colina. Encerrou a carreira nos campos em 1993 e depois entrou para a política. Foi vereador e deputado estadual.

Após ser expulso da tribuna de honra de São Januário, durante um jogo, pelo então presidente do clube, Eurico Miranda, Dinamite resolveu entrar de vez na política do clube. Tentou por sete anos, até ser eleito seu presidente em 2008. Disputou duas Copas do Mundo pela Seleção.

Maracanã: o palco do Rio de Janeiro

A data de 16 de junho poderia ser feriado mundial para os amantes do futebol. No ano de 1950, foi inaugurado o Maracanã. Didi, imortalizado na história do futebol por ser o inventor da 'folha seca' – um chute mortal por ele executado, que fazia a bola ganhar uma trajetória imprevisível para o goleiro, semelhante à de uma folha caindo – foi o autor do primeiro gol no estádio.

Principal sede da Copa do Mundo de 50, o 'Maraca' chorou com a derrota brasileira para o Uruguai. O *Maracanazo* é uma ferida que pode ser finalmente cicatrizada em 2014.

Foi no "Maior do Mundo", como foi carinhosamente apelidado, que Pelé escreveu um dos principais capítulos da história do esporte. Em 19 de novembro de 1969, ele, que havia estreado pela Seleção no estádio 12 anos antes, marcou o milésimo gol da carreira. Andrada, goleiro do Vasco, esmurrou o chão por não ter conseguido evitar o tento.

Mas o Maraca não é casa apenas dos cariocas e da Seleção. O Corinthians tem, em sua história, o estádio como palco de dois duelos emocionantes. Em 1976, na semifinal do Brasileirão contra o Fluminense, uma caravana de cerca de 70 mil torcedores marchou de São Paulo para ver o Timão, que se classificou para a decisão do torneio. Já em 2000, no Mundial de Clubes da Fifa, a Fiel delirou após o vascaíno Edmundo perder um pênalti, transformando o Corinthians em campeão do mundo.

E não apenas de futebol é feita a história do Maracanã. Shows musicais com Frank Sinatra, Madonna, Rolling Stones, Paul McCartney, entre outros, foram ali eternizados.

Mas, o Maracanã mudou e perdeu parte de suas características históricas, como sua cobertura, que foi retirada e substituída, algo que não estava previsto no projeto inicial.

A primeira grande reforma aconteceu antes do Pan-Americano de 2007. Para a Copa, a mais radical delas, orçada em mais de R$ 850 milhões e iniciada em agosto de 2010. Mas nada que tire do estádio o rótulo de principal templo do futebol mundial.

MAIS SOBRE O MARACANÃ

Nome: O estádio Jornalista Mário Filho foi assim batizado em 1966, por sugestão do então governador Marechal Paulo Francisco Torres. Ele resolveu homenagear o irmão de Nelson Rodrigues. Na época da construção, políticos queriam que o nome fosse Mendes de Moraes, que era o prefeito do Rio. Mas ele recusou a homenagem. Já o apelido, em tupi-guarani, é o nome de um pequeno pássaro verde.

Jogo inaugural: Seleção Carioca 1 x 3 Seleção Paulista, em 16/6/1950

Autor do primeiro gol: Didi, da Seleção Carioca

Recorde de público: 183.341 pessoas, no jogo Brasil 1 x 0 Paraguai, em 31/8/1969

SALVADOR

Área: 706,799 km²
População: 3.840.000 hab.
Data de aniversário: 29 de março
Quem nasce em Salvador é: soteropolitano
Clima: tropical, com maior concentração de chuvas no inverno e verão seco
Temperatura durante a Copa do Mundo (junho/2014): 28°C
Aeroporto: Deputado Luís Eduardo Magalhães

Com muito axé

Bem-vindo a Salvador, coração do Brasil. Bem que o refrão de um dos hits mais famosos do Carnaval baiano poderia ser um *slogan* para os milhões de visitantes que a primeira capital do país recebe todo ano.

Terra de muita história, com cultura, religião e futebol também à flor da pele. Salvador é a casa do Bahia e do Vitória, rivais que dividem a paixão pela bola, mas se misturam atrás de trios elétricos sem qualquer cerimônia durante o Carnaval. Neste caso, não importa tanto se o abadá é rubro-negro ou azul, vermelho e branco. Deixa de ser Ba-Vi – é axé para todo o lado!

Em 2014, o caloroso povo soteropolitano poderá ver cinco jogos na Arena Fonte Nova. Se não estiver sentado em uma das cadeiras do novo estádio, poderá estar no histórico e aconchegante Pelourinho, no Jardim de Alah, espaço que receberá a *Fan Fest* da Fifa, ou em qualquer praia de um dos mais belos litorais do planeta.

Capital mais populosa do Nordeste, Salvador consegue contar boa parte dos mais de 500 anos do Brasil ao preservar o Centro Histórico, que possui casarões, igrejas e museus, alguns com mais de 400 anos.

O lado Turístico

FAROL DA BARRA

Quando Américo Vespúcio avistou a Baía de Todos os Santos, em 1501, um marco foi colocado pela Coroa de Portugal para oficializar a posse do local. Ali, até hoje, estão o Forte e o Farol da Barra, construídos décadas depois.

Os monumentos históricos se transformaram em cartão-postal da cidade – são sinônimos de Salvador. No Farol ainda existe o Museu Náutico, que guarda relíquias de navios naufragados na região.

Hoje, a disputa não é mais colonialista, não existem inimigos tentando tomar as terras baianas. Mas moradores e turistas disputam um lugar privilegiado na orla para ver o belo pôr do sol, namorar ou surfar. Durante a noite, restaurantes, bares e casas de show entram em cena, em um dos points mais badalados da cidade.

ELEVADOR LACERDA

Em 1869, começou em Salvador a construção de um elevador para ligar as Cidades Alta e Baixa. Quatro anos mais tarde, o projeto do engenheiro Antônio de Lacerda foi inaugurado, incorporando, anos depois, o sobrenome do criador ao nome de mais um cartão-postal da cidade.

São 72 metros de altura, com duas torres e visão privilegiada para a Baía de Todos os Santos. Uma das torres sai da rocha e passa pela Ladeira da Montanha. Já a outra, mais aparente, desce até o nível da Cidade Baixa.

No início do século passado, o elevador deixou de ser hidráulico, ganhando a energia elétrica para movê-lo. A capacidade das cabines também foi aumentada. Na década de 1950, virou patrimônio da prefeitura local, ganhando reformas e manutenção, para suportar a demanda turística.

LITORAL

Saia de Salvador e vá de barco até a Ilha de Itaparica. Pertinho dali, em direção ao sul, siga até Valença, Morro de São Paulo e Boipeba. Siga viagem e passe por Itacaré, Ilhéus e Porto Seguro. Se ainda não estiver satisfeito, Costa do Sauípe e Trancoso podem ser o seu destino.

As opções são variadas. Praias badaladas, com estrutura para o turismo. Outras afastadas da civilização, até sem energia elétrica. Hotéis podem ser os mais simples, à beira-mar, ou sofisticados resorts.

PELOURINHO

A importância histórica do Pelourinho já começa pelo que seu nome quer dizer: uma coluna de pedra, localizada na parte central de uma praça, onde escravos eram castigados e expostos. Com a Lei Áurea e o fim da escravidão, Pelourinho passou a ser sinônimo de cultura em Salvador.

O local reúne artistas de vários gêneros. Ao andar pelas ruas e becos, você pode ouvir um cantor desconhecido numa rua, ver uma exposição de arte na esquina seguinte e depois se deparar com o ensaio da Timbalada.

É Patrimônio da Humanidade, segundo a Unesco.

Principais clubes

Esporte Clube **Bahia**
Mascote: Super-Homem
Cores: azul, branco e vermelho
Fundação: 1/1/1931
Endereço: Rua Jardim Metrópole, sem número – Itinga/ Salvador (BA)
Principais títulos:
2 Campeonatos Brasileiros (1959 e 1988)
44 estaduais
Site oficial: www.esporteclubebahia.com.br

Esporte Clube **Vitória**
Mascote: Leão
Cores: vermelho e preto
Fundação: 13/5/1899
Endereço: Rua Artêmio Castro Valente, 1 – Nossa Senhora da Vitória/Salvador (BA)
Principais títulos:
26 estaduais
Site oficial: www.ecvitoria.com.br

Quem brilhou em Salvador?

BOBÔ

Em 1988, o Bahia conquistou o Campeonato Brasileiro, um título festejado até hoje por sua fanática torcida. E parte da conquista se deve a Raimundo Nonato Tavares da Silva, ou simplesmente, Bobô, revelado pela Catuense.

Baiano nascido em Senhor do Bonfim, o meia, que chegava muito ao ataque, liderou um time que surpreendeu o Brasil, sob o comando de Evaristo de Macedo. Na final contra o Internacional, ganhou de 2 a 1, na Fonte Nova. Na volta, o empate sem gols no Beira-Rio garantiu o Carnaval fora de época em parte do estado.

Depois do título pelo Bahia, Bobô se transferiu para o São Paulo, passando ainda por Flamengo, Fluminense e Corinthians. Já no fim de carreira, retornou para o clube que levou seu nome para o cenário nacional. Com 81 gols, está entre os 20 maiores artilheiros do Bahia.

Após encerrar a carreira, tornou-se treinador, comandando o Bahia entre 2002 e 2003. Depois, entrou para a política.

MÁRIO SÉRGIO

A personalidade forte era uma característica marcante de Mário Sérgio Pontes de Paiva como jogador. Atacante com muita habilidade, teve a carreira marcada por lances geniais e algumas polêmicas, como, por exemplo, ter sacado um revólver e atirado para o alto, quando o ônibus que levava o time do São Paulo foi cercado por torcedores, insatisfeitos com uma atuação tricolor.

Após iniciar no Flamengo, foi para o Vitória. E a troca de um rubro-negro por outro fez com que ficasse conhecido nacionalmente. Em três anos no Leão, ganhou um Estadual e marcou seu nome na história. Vendido para o Fluminense, rodou depois por Botafogo, Internacional, São Paulo, Grêmio, Palmeiras, entre outros.

A carreira de jogador terminou, mas Mário Sérgio seguiu no futebol, revezando-se entre comentarista de televisão, treinador e dirigente. Uma das primeiras experiências como técnico foi justamente no Vitória. Voltou ao clube anos depois na mesma função.

BOBÔ

Arena Fonte Nova: o palco de Salvador

A Fonte Nova que receberá cinco jogos da Copa (três na primeira fase, um nas oitavas e outro nas quartas-de-final) não será a mesma dos últimos 70 anos. O antigo estádio foi demolido e, por um custo de cerca de R$ 600 milhões, a Arena Fonte Nova ganhou forma.

A opção por demolir começou a ser defendida em 2007, após um grave acidente durante um jogo entre Bahia e Vila Nova. Parte de um setor de arquibancadas desabou, matando sete torcedores na hora. Foi uma das maiores tragédias do futebol brasileiro. Três anos depois, a histórica Fonte Nova veio abaixo.

As características originais serão mantidas, como, por exemplo, a geometria oval e a abertura para o Dique do Tororó. As novidades serão prédios de estacionamento, shopping, hotéis e casa de shows. A capacidade será de 50 mil pessoas.

MAIS SOBRE A ARENA FONTE NOVA

Nome: o nome original é Octávio Mangabeira (governador da Bahia quando o estádio foi inaugurado, no início da década de 1950)

Jogo inaugural: Botafogo de Salvador 0x1 Guarany (BA), em 28/1/1951

Autor do primeiro gol: Antônio (do Botafogo local)

Recorde de público: 110.438, no jogo Bahia 2x1 Fluminense, em 12/2/1989

Jogos do Brasil: 11 jogos, com seis vitórias e cinco empates

SÃO PAULO

Área: 1.530 km
População: 10.886.518 hab.
Data de aniversário: 25 de janeiro
Quem nasce em São Paulo é: paulistano
Clima: tropical temperado
Temperatura durante a Copa do Mundo (junho/2014): 20°C
Aeroportos: Internacional de São Paulo/Guarulhos (nome oficial: Governador André Franco Montoro) ou Cumbica; e Aeroporto Internacional de Congonhas

Uma metrópole parada para a Copa do Mundo

Pense em qualquer coisa que você deseja comprar. Não se preocupe com o preço, a origem, o formato ou o horário. Em São Paulo, você certamente encontrará esse produto durante as 24 horas do dia porque estamos falando de uma cidade que não para.

No vaivém de seus mais de 10 milhões de moradores, que diariamente se somam a milhares de trabalhadores vindos de muitas outras cidades de todo o estado e inúmeros visitantes de todo o planeta, o ritmo é frenético.

Falamos de um formigueiro humano, da cidade mais populosa do hemisfério Sul, que reúne gente de todo o mundo – mais ainda das numerosas e tradicionais colônias italiana, japonesa e libanesa. E também do maior centro financeiro da América Latina, do principal polo gastronômico do país, da terra apaixonada pela pizza, com suas mais de seis mil casas especializadas nesta iguaria.

O ritmo é alucinante na terra que foi o palco para os modernistas de 1922 e que reúne os principais shows e espetáculos do país. Falamos de uma cidade que seguirá seu ritmo intenso até entrar em transe no dia 12 de junho de 2014, data em que sediará o jogo de abertura da Copa do Mundo do Brasil!

Afinal, estamos falando de uma terra que é apaixonada pelo futebol e reúne boleiros em cada esquina, nos campos de várzea, nas quadras de futsal ou de grama sintética e nas ainda resistentes "quadras" improvisadas no meio da rua.

Estamos falando da terra do "Trio de Ferro", formado por Corinthians, Palmeiras e São Paulo, três dos gigantes do futebol brasileiro, e de clubes tradicionalíssimos como a Portuguesa e o Juventus.

Falamos, enfim, da terra onde o futebol nasceu no Brasil, trazido pelos pés do paulistano de origem inglesa Charles Miller, em 1894. Nada mais justo, portanto, que São Paulo, a terra que viu o futebol nascer no país, tenha sido escolhida para a abertura do Mundial e pare, ainda que por apenas 90 minutos, para reverenciar o planeta bola.

O lado Turístico

PARQUE DO IBIRAPUERA

Quando você está em São Paulo e pensa em lazer, opções não faltam para sua escolha. Mas, dez entre dez paulistanos certamente não irão titubear em apontar o Parque do Ibirapuera, veterano, prestes a completar seis décadas de fundação, como o ponto número 1 da capital nessa categoria.

Parque mais frequentado da cidade, com média de público superior a 200 mil pessoas por fim de semana, o Ibirapuera é uma ótima pedida para quem está em busca de atividades físicas, com ciclovia, 13 quadras poliesportivas e playgrounds.

O espaço, cujo projeto contou com a participação de grandes ícones do país, como o arquiteto Oscar Niemeyer e o paisagista Roberto Burle Marx, tem ainda entre suas atrações o Museu de Arte Moderna (MAM) e o Pavilhão da Bienal, que sedia alguns dos eventos mais disputados da capital, como o São Paulo Fashion Week, a Bienal de Artes e a Bienal de Arquitetura.

Outros destaques são a Oca, espaço em formato da moradia indígena, famoso por sediar exposições; o Pavilhão Japonês, dedicado à difusão da cultura oriental; e o Planetário.

Ainda não se identificou com nenhuma das atrações? Que tal conhecer o Viveiro Manequinho Lopes? É ali que começa a vida de muitos dos arbustos e mudas que enfeitam os jardins públicos, ruas e avenidas da capital.

AVENIDA PAULISTA

Se toda grande cidade tem um ponto de referência que permite sua identificação em qualquer canto do planeta, este símbolo em São Paulo é a Avenida Paulista, ícone máximo da "selva de pedra" e um dos principais pontos turísticos da capital.

Ao longo de seus 2,8 km de extensão, a Paulista reúne as sedes de grande número de empresas, bancos e hotéis, e se transformou no maior centro empresarial da América Latina.

Mas as pessoas não estão na Paulista apenas para fazer negócio. A riqueza de atrações culturais da avenida é outro indutor de seu interminável vaivém. O grande destaque é o Museu de Arte Moderna de São Paulo (Masp), inaugurado em 1968 e contendo um dos mais importantes acervos de arte ocidental das Américas. Contudo, também despontam na Paulista centros culturais, cinemas, livrarias, restaurantes e cafés, com opções para todos os gostos.

CENTRO HISTÓRICO

Em meio à agitação da maior cidade da América Latina, que tal se esquecer da correria e dedicar algumas horas à contemplação de um passado glorioso? Convite aceito? Então, a dica é um passeio ao Centro Histórico de São Paulo, repleto de verdadeiros monumentos de imensurável valor arquitetônico.

Para começar, a dica é a visita à imponente Catedral da Sé e sua arquitetura em estilo neogótico, com missas diárias e, aos domingos, visitas monitoradas.

Saindo da Catedral, não deixe de conferir o Marco Zero da cidade, pequeno monumento de mármore em forma hexagonal, que foi construído em 1934 e traz um mapa das estradas que partem de São Paulo com destino a outros estados.

Logo ali, outra atração é o Pátio do Colégio, berço da metrópole que chama a atenção em meio aos arranha-céus da capital. Foi nesse local, em 1555, que São Paulo surgiu, a partir da construção de uma pequena cabana de pau a pique onde se reuniam jesuítas empenhados em catequizar os nativos.

O local atualmente abriga o Museu do Padre Anchieta, composto por sete salas dedicadas à exposição de coleções de arte sacra, uma pinacoteca, objetos indígenas e uma maquete de São Paulo no século XVI.

Depois dessa verdadeira viagem pela história, nada melhor do que uma parada no Mercado Municipal. No espaço de 22.000 m² construído em 1928, o visitante pode desfrutar de uma enorme variedade de produtos saborosos, como vinhos, queijos, carnes, peixes, temperos, condimentos e embutidos.

Para fechar o passeio com chave de ouro, não deixe de provar os irresistíveis sanduíche de mortadela e pastel de bacalhau, duas verdadeiras iguarias do "Mercadão", cuja fama, há muito tempo, venceu as fronteiras da capital.

VALE DO ANHANGABAÚ

Localizado no Centro, entre os viadutos do Chá e Santa Ifigênia, o Vale do Anhangabaú é um dos mais belos cartões-postais de São Paulo e ponto de convergência de milhares de paulistanos para manifestações políticas, esportivas e culturais.

Um dos eventos mais marcantes do espaço foi o comício das Diretas Já, em 1984, que reuniu mais de 1,5 milhão de pessoas, no maior comício já realizado na história política brasileira. Por isso, nada mais natural do que a escolha do Vale do Anhangabaú para receber a *Fan Fest* da capital.

Em sua paisagem, o Anhangabaú reúne algumas das construções mais importantes de São Paulo, como o prédio da Prefeitura, o Teatro Municipal, o Conservatório Dramático e Musical de São Paulo e a Escola Municipal de Balé.

O nome do local é indígena e seu significado em tupi-guarani é 'rio ou água do mau espírito'. Reza a tradição que o local recebeu esse nome em razão de algum malefício feito pelos bandeirantes aos índios nas imediações do rio Anhangabaú, que hoje passa sob o asfalto do vale.

Principais clubes

Sport Club **Corinthians** Paulista
Mascote: Mosqueteiro
Cores: preto e branco
Fundação: 1/9/1910
Endereço: Rua São Jorge, 777 -
Tatuapé, São Paulo (SP)
Principais títulos:
1 Mundial de Clubes da Fifa (2000)
5 Campeonatos Brasileiros (1990,
1998, 1999, 2005 e 2011)
3 Copas do Brasil (1995, 2002 e 2009)
26 estaduais
Site oficial: www.corinthians.com.br

Sociedade Esportiva **Palmeiras**
Mascote: Periquito e Porco
Cores: verde e branco
Fundação: 26/8/1914
Endereço: Rua Turiassu, 1.840 -
Perdizes, São Paulo (SP)
Principais títulos:
1 Copa Libertadores (1999)
8 Campeonatos Brasileiros (1960,
1967 [2x], 1969, 1972, 1973, 1993
e 1994)
1 Copa do Brasil (1998)
1 Copa Mercosul (1998)
22 estaduais
Site oficial: www.palmeiras.com.br

São Paulo Futebol Clube
Mascote: São Paulo, o santo
Cores: vermelho, preto e branco
Fundação: 16/12/1935
Endereço: Praça Roberto Gomes Pedrosa, 1 -
Morumbi, São Paulo (SP)
Principais títulos:
3 Mundiais Interclubes (1992, 1993 e 2005)
3 Copas Libertadores (1992, 1993 e 2005)
6 Campeonatos Brasileiros (1977, 1986, 1991,
2006, 2007 e 2008)
1 Supercopa da Libertadores (1993)
1 Copa Conmebol (1994)
2 Recopas Sul-americana (1993 e 1994)
20 estaduais
Site oficial: www.spfc.com.br

Quem brilhou em São Paulo?

PELÉ

Ok. O Santos Futebol Clube não está em São Paulo e tem sua casa na Vila Belmiro, na Baixada Santista. Mas é impossível ignorar o clube que construiu muito de sua gloriosa história em palcos paulistanos, como o Pacaembu e o Morumbi, e tem na capital mais de um milhão de torcedores. E, principalmente, é impossível deixar de lado a história de um clube que tem como seu principal símbolo Edson Arantes do Nascimento, ou, simplesmente, Pelé.

Afinal, estamos falando do maior jogador de futebol que o mundo já viu em ação, um "extraterrestre", como bem definiu o ex-companheiro Pepe. Com a camisa branca do Santos ou com a Amarelinha da Seleção, Pelé atingiu a impressionante e inigualável marca de 1.281 gols em 1.375 jogos.

No Santos, foi bicampeão Mundial e da Libertadores, conquistou seis títulos nacionais e dez estaduais; representou o Santos e o futebol brasileiro nos quatro cantos do planeta, colecionando histórias que poderiam soar como lendas, como a paralisação de uma guerra em terras africanas, apenas para que o povo pudesse vê-lo em ação.

Na Seleção, disputou quatro Copas do Mundo e foi tricampeão, com os títulos em 1958, na Suécia; em 62, no Chile; e em 70, no México. É sinônimo de futebol-arte e, felizmente, nasceu brasileiro.

ADEMIR DA GUIA

Durante a década de 1960, somente um clube foi capaz de fazer frente ao lendário Santos, de Dorval, Mengálvio, Coutinho, Pelé e Pepe. Esse clube foi o Palmeiras, liderado por Ademir da Guia, o Divino.

Filho de Domingos da Guia, um dos maiores zagueiros da história do futebol brasileiro, Ademir chegou ao Palmeiras em 1961. Foram 16 anos e 12 títulos. Apesar do estilo discreto e do futebol aparentemente lento, Ademir, com suas passadas largas, ditava o ritmo e era o grande cérebro da "Academia".

Só não conseguiu fazer o mesmo sucesso na Seleção Brasileira. Apesar do talento inquestionável, jamais alcançou com a Amarelinha o mesmo nível exibido com a camisa alviverde. Foram apenas 12 partidas, uma delas na Copa do Mundo de 1974, na Alemanha.

A falta de brilho na Seleção, no entanto, jamais fez com que diminuísse a idolatria dos palmeirenses por Ademir, que está imortalizado na história do clube com uma estátua no Palestra Itália.

RIVELINO

Quando criança, o argentino Diego Maradona, um dos maiores craques que o futebol já produziu, tinha um ídolo: Roberto Rivelino. Uma breve história que dá a exata dimensão do lugar ocupado pelo "Patada Atômica" na história.

Canhoto habilidoso, dono de um dos chutes mais violentos da década de 70 e exímio lançador, Rivelino disputou três Copas entre 1970 e 1978 e conquistou a glória máxima já em sua primeira participação: foi titular da mítica Seleção Brasileira tricampeã mundial, no México.

À época da consagração no México, o garoto revelado no Parque São Jorge já era o grande ídolo do Corinthians e, naturalmente, ganhou o apelido de "Reizinho do Parque". O problema é que o Timão vivia seu maior jejum de títulos e os seguidos insucessos pesaram sobre Rivelino.

PELÉ

ROGÉRIO CENI

Depois de perder o estadual para o Palmeiras, em 74, Riva foi tratado como um dos culpados pelo fracasso corintiano e acabou negociado com o Fluminense. No Rio, ele manteria o ótimo futebol e comandaria a famosa Máquina Tricolor, desta vez, acompanhado dos títulos que tanto fizeram falta no Timão.

ROGÉRIO CENI

Ele já acumula mais de mil partidas e cem gols com a camisa tricolor. Números impressionantes, especialmente quando estamos falando de um goleiro. Não é por acaso que Rogério Ceni é chamado de "Mito", com letra maiúscula mesmo, pela torcida do São Paulo.

Depois de mais de duas décadas no Morumbi, com atuações marcadas por ótimas defesas, uma incrível habilidade na cobrança de faltas e um espírito de liderança que, no futuro, certamente lhe alçará à presidência do clube, Rogério Ceni é um símbolo do período mais vitorioso da história do São Paulo.

Se no início dos anos 1990 era apenas um figurante no time bicampeão Mundial e da Libertadores, Rogério se transformou em protagonista a partir da segunda metade da década de 90. E, com ele no gol, o Tricolor foi tri Mundial e da Libertadores, em 2005, e tricampeão brasileiro entre 2006 e 2008, feito até hoje inigualável no país.

Não bastassem as façanhas no Morumbi, Rogério Ceni ainda chegou à Seleção. Jamais teve a chance de se firmar entre os titulares, mas, ainda assim, disputou duas Copas e participou da campanha do Penta, em 2002.

Arena Corinthians: o palco de São Paulo

A Copa do Mundo do Brasil terá seu início em São Paulo, num palco completamente novo. Em vez dos tradicionais estádios do Pacaembu ou do Morumbi, o jogo de abertura do Mundial, com os craques da Seleção Brasileira em ação no dia 12 de junho de 2014, será realizado na futura arena que está sendo construída na Zona Leste da capital para ser a casa do Corinthians – e que, por este motivo, vem sendo chamada de "Arena Corinthians".

Além do jogo de abertura, outras cinco partidas serão disputadas na nova arena paulistana: mais três jogos da primeira fase, uma partida das oitavas-de-final e um dos duelos que definirá os finalistas do Mundial.

O projeto, orçado em R$ 820 milhões, prevê a construção de uma moderna arena multiuso, com capacidade para 65 mil torcedores – deste total, 17 mil assentos serão removidos após o encerramento do Mundial.

A arena terá ainda 120 camarotes, seis mil cadeiras superiores cobertas, 10 mil cadeiras numeradas cobertas, tribuna especial para a imprensa, restaurantes e 3,5 mil vagas de estacionamento.

E mais: o projeto também prevê a modernização do sistema viário próximo ao estádio e a implantação de um monotrilho que ligará o aeroporto de Congonhas às linhas de metrô e trem que garantirão o acesso rápido e ordenado dos torcedores ao palco paulistano do Mundial.

TÚNEL
DO TEMPO

Arenas modernas, confortáveis, construídas de acordo com os padrões universais de acessibilidade e de sustentabilidade. Telões de última geração. Centenas de câmeras de tevê, que permitem ao torcedor acompanhar de perto cada lance. Craques reconhecidos em todo o planeta, muitos deles transformados em estrelas midiáticas. Este é o cenário que teremos na Copa do Mundo de 2014, quando o maior evento do futebol retorna ao Brasil.

AS SELEÇÕES URUGUAIA E BRASILEIRA DECIDEM HOJE, NO ESTADIO MUNICIPAL DO RIO DE JANEIRO, A POSSE DA TAÇA "JULES RIMET"

Grande expectativa em todo o Brasil pelo desfecho do importante jogo, que deverá inscrever o nome do nosso País entre os vencedores do Campeonato Mundial de Futebol — Favorecido pelo empate e, ainda, atuando da maneira como vem fazendo ultimamente, o quadro brasileiro conta grandes possibilidades de ficar na posse da almejada taça — A turma nacional obedecerá à mesma constituição que venceu a Espanha — No quadro uruguaio reaparecerão Maspoli e Juan C. Gonzalez, para sua maior eficiência — O arbitro inglês George Reader dirigirá a importante peleja — Nesta Capital, no Estadio do Pacaembu, lutando pelo terceiro posto, se defrontarão as representações da Espanha e da Suecia

Se nos dias que antecederam ao jogo Brasil vs. Espanha era grande a expectativa dos torcedores de todo o País, hoje ela toca as raias do inimaginavel. Não há brasileiro, por mais avesso que seja ao futebol, que não tenha a sua atenção voltada para a peleja entre os quadros do Brasil e do Uruguai. Não se trata apenas de um difícil compromisso da nossa seleção, mas de uma partida que poderá inscrever o nome do Brasil entre os vencedores da taça "Jules Rimet", colocando-o no cenario futebolístico mundial como a sua expressão maxima. É a concretização das esperanças alimentadas em 1930, em 1934 e, finalmente, em 1938, ultimo ano em que a "Taça do Mundo" foi disputada. O Brasil participou dos três certames, porém somente no de 1938, efetuado na França, esteve em vias de vencê-lo. Hoje, encabeçando a tabela de classificação e com um ponto de vantagem sobre o segundo colocado, precisamente o seu adversario desta tarde, o nosso País está, praticamente, de posse do almejado trofeu.

O fato de o empate ter para o Brasil as mesmas consequen-

ERIK NILSSON, veterano zagueiro da turma sueca. Participou do campeonato mundial de 1938

cias do triunfo não entusiasma os torcedores. Não admitem eles essa hipotese, tal a certeza de que a partida será vencida pelo Brasil. Os 7 a 1 contra a Suecia e os 6 a 1 contra a Espanha não dão margem a que os brasileiros duvidem do exito de seus jogadores. Esses numeros dizem bem das condições da turma auri-verde, que finalmente revelou todo o valor do nosso futebol.

O otimismo dos torcedores não é exagerado, mas esperamos que Bauer e seus companheiros se compenetrem de que o jogo se decide no campo e não nas arquibancadas e gerais. A confiança excessiva, é, sob todo o ponto de vista, prejudicial. E convenhamos que o quadro oriental, mais que qualquer outro concorrente, não pode ser menosprezado. Conhecedores do futebol brasileiro, através de continuos jogos, possuidores de apreciaveis recursos tecnicos e, sobretudo, dotados de grande entusiasmo, os uruguaios se afiguram sempre difíceis adversarios. Haja vista a partida com a Suecia, ganha

ENORME EXPECTATIVA PELO JOGO BRASIL vs. URUGUAI

RIO, 15 ("Estado" — Via aerea) — O Rio de Janeiro está vivendo de futebol. Só se fala nisso. O Campeonato Mundial absorve todas as atenções. Os hoteis estão abarrotados, os trens, navios e aviões estão chegando pejados de torcedores. E repetiu-se ontem, a irregularidade na distribuição das cadeiras. Hoje, com a venda das arquibancadas e gerais, a policia de costumes tomou providencias para regularizar a distribuição, esperando evitar a ação nefasta dos cambistas e a cumplicidade evidente de elementos da C.B.D.

Para demonstrar, em cores mais vivas, quão absorvido está o brasileiro pelo futebol, citemos o seguinte caso: embora anunciada a venda de ingressos populares para hoje, às 5 horas, em três pontos da cidade,

lento, esperando, doze horas a fio, pelo inicio da distribuição de bilhetes.

Hoje pela manhã, as filas perdiam-se de vista. Tudo indica que não haverá mais ingresso até às primeiras horas da tarde. Das cadeiras, ninguem mais fala, pois desapareceram. As arquibancadas são em numero de 105.000, as gerais de 30.000 e os ingressos para militares e crianças de 10.000. Ao todo, serão vendidos 160.000 ingressos, devendo a arrecadação sobrepujar a do jogo com a Espanha. O povo está completamente empolgado pelo futebol, desde o guri até o mais sizudo senador.

Enquanto isso, os dois quadros aguardam o momento da sensacional peleja que decidirá a quem ficará pertencendo a taça "Jules Rimet". O favorito, é claro, é o quadro brasileiro, em virtude de seus dois triunfos de enorme repercussão. De fato, se reproduzir as duas ultimas atuações, o Brasil vencerá e por contagem comoda. Admite-se, porém, que a turma celeste possa oferecer resistencia á nossa, já que conhece bem o nosso futebol e segundo porque sua tecnica é semelhante á do Brasil.

A diferença entre os dois esquadrões está no seu apuro tecnico. Enquanto os uruguaios vêm atuando com falhas, sem uma ação de conjunto perfeita, o quadro nacional foi aos poucos se ajustando e no momento atingiu o maximo de perfeição, como ficou demonstrado no jogo com a Espanha. Qualquer turma conhecerá o reves diante de semelhante conjunto. Confiando em que não haja

Com a mesma constituição que venceu o quadro espanhol, volta hoje a campo a seleção brasileira, desta feita para decidir com a representação uruguaia a posse da taça "Jules Rimet"

lento, esperando, doze horas a encontro, a bandeira do Brasil for hasteada no mastro da Vitoria, co: o nação vencedora do IV Campeonato Mundial de Futebol!

Os dois quadros já estão escalados. O do Brasil será o mesmo que derrotou a Espanha:

Barbosa; Augusto e Juvenal; Bauer, Danilo e Bigode; Friaça, Zizinho, Ademir, Jair e Chico.

O do Uruguai voltará a contar com o concurso de J. C. Gonzalez e Maspoli, pelo que atuará assim constituido:

Maspoli; Mathias Gonzalez e Tejera; J. C. Gonzalez, Obdulio Varela e Rodriguez Andra-

de; Ghiggia, Julio Perez, Miguez, Schiaffino e Vidal.

O juiz será o sr. George Reader, da Inglaterra, auxiliado por Mitchell, escosses e Ellis, tambem inglês.

ESPANHA VS. SUECIA

Hoje à tarde, no Estadio do Pacaembu, defrontam-se as representações da Espanha e da Suecia. A partida carece de maiores atrativos, pois os dois contendores nada mais podem pretender no certame, com relação ao titulo de campeão. A Espanha conta três pontos perdidos e a Suecia quatro, o que importa em dizer que a seleção escandinava somente escapará à quarta colocação se triunfar. O quadro iberico ainda baqueou diante do selecionado bra-

sileiro, pela elevada contagem de 6 a 1, foi porque teve pela frente um quadro quase perfeito, dotado de desmedido entusiasmo. A impressão deixada pelos espanhois nesse jogo foi a de que, perdendo de 6 a 1, fizeram o maximo que suas forças permitiam. Não foi o malogro dos futebolistas do Velho Mundo, mas sim a demonstração da superioridade inegavel dos jogadores brasileiros. A representação da Suecia, que se classificou para as finais graças á grande fraqueza de seus companheiros de "chave", foi tambem facilmente vencida pelo quadro do Brasil, e deu á turma uruguaia algum trabalho deve-se, antes de mais nada, á má atuação dos orientais. Tanto assim que a partir do momento em que passou a jogar de acordo com as suas possibilidades o conjunto celeste decidiu a luta a seu favor.

Diante disso, o resultado logico da partida entre escandinavos e espanhois é a vitoria destes.

O quadro iberico se apresentará sensivelmente modificado, não atuando Gonzalvo II, Gonzalvo III, Igoa e Panizo, por se acharem fisicamente esgotados. Seus substitutos encontram-se em condições tecnicas satisfatorias — certamente não farão sentir a ausencia dos titulares.

O combinado sueco se apresentará com todos os seus titulares, inclusive Nordhal e Skoglund, que não participaram do jogo com o Uruguai.

Os quadros

A formação das duas turmas, salvo modificações de ultima hora, será a seguinte:

Espanha — Ramallets; Arensi e Lesmes; Alonso, Parra e Puchades; Basora, Hernandez, Zarra, Molowny e Gainza.

Suecia — Svenson; Samuelsson e Erick Nilsson; Andersson, Nordhal Gaerd; Sundqvist, Palmer, Jepson, Skoglund e Stefan Nilsson.

O juiz

Dirigirá a partida o arbitro holandês Van der Meer.

A SITUAÇÃO DOS CONCORRENTES NA FASE FINAL DO CERTAME

Com os resultados verificados na penultima rodada do Campeonato Mundial de Futebol, é a seguinte a colocação dos países, por pontos ganhos.

		Pontos
1.o —	Brasil	3
2.o —	Uruguai	2
3.o —	Espanha	1
4.o —	Suecia	0

		Pontos
1.o —	Ademir (Brasil),	9 pontos
2.o —	Basora (Espanha), Chico (Brasil) e Miguez (Uruguai),	4 pontos
3.o —	Zarra (Espanha), Ghiggia (Uruguai) e Sundkist (Suecia),	3 pontos
4.o —	Baltazar (Brasil), Anderson (Suecia), Vidal (Uruguai), Jair (Brasil), Zizinho (Brasil), Jepson (Suecia), Palmer (Suecia), Igôa (Espanha),	2 pontos
5.o —	Alfredo (Brasil), Maneca (Brasil), Schiaffino (Uruguai) e O. Varela (Uruguai),	1 ponto

Arqueiros vazados

		Pontos
1.o —	Eizaguirre (Espanha)	1
2.o —	Maspoli (Uruguai)	2
3.o —	Paz (Uruguai)	3
3.o —	Barbosa (Brasil)	4
4.o —	Ramallets (Espanha)	5
5.o —	Svensson (Suecia)	14

Juizes que apitaram

Galeatti (Italia)	3
Reader (Inglaterra)	3
Griffith (País de Gales)	2
Ellis (Inglaterra)	2
Leafer (Inglaterra)	2
Van der Meer (Holanda)	2
Lutz (Suiça)	2
Mario Viana (Brasil)	2
Malcher (Brasil)	1
Azon (Espanha)	1
Dattilo (Italia)	1
Mitchell (Escocia)	1
Eklind (Suecia)	1

A renda

campeonato em segundo lugar, em companhia do Uruguai, se o Brasil ganhar esta tarde e se o resultado do seu jogo com a Suecia lhe for favoravel. Teremos, nesse caso, o Brasil vice-campeões. Assim, os espanhois lutarão pela vitoria e torcerão pelo sueco. Isto acontecendo, o resultado do embate desta tarde não importa. Se ha um favorito no embate desta tarde, no Estadio Municipal de São Paulo, é ele o quadro espanhol. Homogeneo, constituido de jogadores de apreciavel recursos tecnicos, o conjunto espanhol é superior ao sueco. Sua atuação na fase semifinal do campeonato foi muito boa e se na etapa decisiva, após empatar com o quadro uruguaio, baqueou diante do selecionado bra-

A "TAÇA DO MUNDO", que teve o seu nome mudado para taça "Jules Rimet", em homenagem ao presidente da F. I. F. A. Acha-se em poder da Italia, vencedora do ultimo Campeonato Mundial de Futebol, e hoje, segundo tudo faz crer, ficará na posse do Brasil

Mas não foi sempre assim...

Se o torcedor que já esfrega as mãos, ansioso à espera do Mundial de 2014, pudesse entrar numa máquina do tempo e retroceder seis décadas para acompanhar o que se passou no Brasil em 1950, durante a quarta edição da Copa do Mundo, encontraria um evento e um país completamente diferentes.

Aqueles eram tempos difíceis, o mundo ainda tentava se reorganizar depois da Segunda Guerra Mundial – evento que provocou o cancelamento das Copas previstas para 1942 e 1946. Candidato a receber o torneio em 1942, numa disputa que ainda envolvia Alemanha e Argentina, o Brasil foi o único país a manter a candidatura perante a Fifa e, em 1946, quando a entidade voltou a se reunir no pós-guerra, foi escolhido como o país-sede.

O Brasil começou então a se mobilizar para a organização do Mundial, e o carro-chefe seria a construção daquele que passaria para a história como o maior estádio do planeta e se transformaria em um templo sagrado do futebol: o Maracanã.

Mas, havia um grande problema: em boa parte do mundo, o futebol estava longe de ser uma prioridade. Nos pós-guerra, a preocupação, especialmente na Europa, era com a reconstrução dos países. Por isso, o bloco comunista, liderado pela extinta União Soviética, não participou das Eliminatórias: foram apenas 32 seleções inscritas, exatamente o mesmo número de vagas para a Copa de 2014, com 186 países em ação nas Eliminatórias.

As Eliminatórias deveriam definir 14 países classificados para o Mundial, e estes se juntariam ao Brasil e à Itália, campeã da última edição, em 1938. No entanto, registraram-se muitas desistências no meio do caminho e, em 1950, a Copa do Mundo do Brasil contou com apenas 13 seleções, com destaque para a Inglaterra – os "inventores do futebol" fariam sua estreia neste torneio.

UM PAÍS EM TRANSFORMAÇÃO

No final da década de 1940, o Brasil era um país em desenvolvimento e iniciava um longo processo para consolidar a expansão dos centros urbanos em detrimento das áreas rurais.

Sob o comando do general Eurico Gaspar Dutra, tínhamos uma política desenvolvimentista, baseada no planejamento econômico e na forte presença do Estado nos temas relacionados aos setores industrial e financeiro. Assim, o destaque em seu governo foi a implantação de um plano denominado "Salte", inspirado nas iniciais de cada uma das áreas que deveriam ser os pilares da expansão nacional: Saúde, Alimentação, Transporte e Energia.

Na época, o Brasil tinha 51,7 milhões de habitantes e a capital federal era o Rio de Janeiro, maior cidade do país, com 2,3 milhões de habitantes. No segundo posto aparecia São Paulo, com 2 milhões de habitantes.

O futebol já fazia sucesso, mas as partidas eram acompanhadas pelo rádio e não pela tevê – a primeira transmissão no país seria realizada somente em 18 de setembro de 1950, dois meses depois da Copa, com a inauguração da TV Tupi, de São Paulo, e a distribuição de cem aparelhos em locais estratégicos da capital paulista para que a população pudesse assistir às imagens pioneiras.

No rádio, as famílias brasileiras se reuniam em volta da mesa para acompanhar as famosas radionovelas de gigantes como as rádios Tupi e Nacional ou para ouvir as canções de artistas como Emilinha Borba, então consagrada como a "Rainha do Rádio". Outra atração era o cinema, com as chanchadas produzidas pelos estúdios Atlântida e Vera Cruz, tendo entre suas estrelas nomes como Grande Otelo, Oscarito, Anselmo Duarte e José Lewgoy.

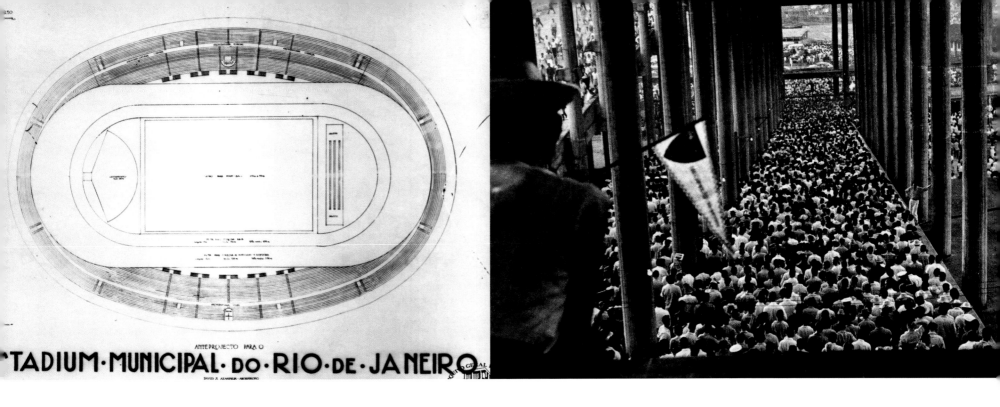

ANTE-PROJECTO PARA O

STADIUM · MUNICIPAL · DO · RIO · DE · JANEIRO

DAVID X. AZAMBUJA - ARCHITECTO

O MAIOR DO MUNDO

Foi em meio a esse cenário que a capital federal se mobilizou para a construção do Estádio Municipal do Rio de Janeiro, o já mencionado Maracanã – como passou a ser conhecido por estar localizado no bairro de mesmo nome.

A construção do estádio consumiu 22 meses de trabalho incessante de 4.500 operários. Os números são impressionantes: na obra, foram utilizados 350 mil sacos de cimento, nove mil toneladas de ferro, 55 mil metros cúbicos de concreto e 50 mil metros quadrados de pedra.

Em 17 de junho de 1950, a sete dias da abertura do Mundial, o Maracanã foi oficialmente inaugurado em um amistoso entre as seleções de novos do Rio de Janeiro e de São Paulo. No projeto, a capacidade era para 155 mil torcedores, mas números extraoficiais apontam a presença de cerca de 200 mil pessoas nas partidas disputadas pela Seleção durante o Mundial.

O Maracanã foi o único estádio construído especialmente para a Copa do Mundo e será também o único remanescente do Mundial de 50 reutilizado em 2014. Ali, a Seleção Brasileira poderá enterrar o fatídico "Maracanazo", como ficou conhecida a final daquele Mundial. Apesar do enorme favoritismo e do apoio maciço de uma multidão formada por 200 mil torcedores, a Seleção foi derrotada por 2 a 1 pelo Uruguai na decisão, naquela que é considerada a pior derrota na história de nosso futebol.

Além do Rio, outras cinco cidades – Belo Horizonte, Curitiba, Porto Alegre, São Paulo e Recife – justamente aquelas que possuíam os melhores estádios do país à época, foram escolhidas para receber as partidas em 1950. Todas elas voltarão a sediar partidas do Mundial agora, mas em novos palcos.

As sedes da Copa de 1950

BELO HORIZONTE

Estádio: Independência
Capacidade: 15 mil torcedores
Números de partidas: 3

Jogos:
25.06.1950 – Iugoslávia 3x0 Suíça
29.06.1950 – Estados Unidos 1x0 Inglaterra
02.07.1950 – Uruguai 8x0 Bolívia
Curiosidade: O estádio Independência foi palco de uma das maiores zebras da história das Copas. Em sua primeira participação em um Mundial, a Inglaterra era apontada como uma das favoritas ao título. Afinal, tratava-se dos "inventores do futebol". Mas os ingleses foram surpreendidos pela frágil seleção dos Estados Unidos e perderam por 1 a 0. A façanha rendeu até filme em Hollywood: O jogo de nossas vidas, produzido em 2005.

CURITIBA

Estádio: Durival de Britto
Capacidade: 13 mil torcedores
Números de partidas: 2

Jogos:
25.06.1950 – Espanha 3x1 Estados Unidos
29.06.1950 – Suécia 2x2 Paraguai

Curiosidade: Conhecido por 'Vila Capanema', nome do bairro onde foi construído, o estádio já teve três 'donos' em 65 anos de história: o Ferroviário, o Colorado, que nasceu da fusão entre o Ferroviário e outros dois clubes da capital paranaense, Britânia e Palestra Itália, em 1971; e o Paraná Clube, nascido da fusão entre o Colorado e o Pinheiros, em 1989.
Um dos mais modernos estádios do país no final da década de 1940, foi o grande trunfo de Curitiba, escolhida como cidade-sede do Mundial.

PORTO ALEGRE

Estádio: Eucaliptos
Capacidade: 10 mil torcedores
Números de partidas: 2

Jogos:
28.06.1950 – Iugoslávia 4x1 México
02.07.1950 – Suíça 2x1 México

Curiosidade: Inaugurado em 1931, o estádio pertencia ao Internacional e recebeu partidas oficiais em 1969. Foi vendido pelo clube gaúcho em agosto de 2010 para financiar as obras de modernização do Estádio Beira-Rio e demolido em fevereiro de 2012 – em seu lugar, será construído um grande empreendimento residencial.

SÃO PAULO

Estádio: Pacaembu
Capacidade: 60 mil torcedores
Números de partidas: 6

Jogos:
25.06.1950 – Suécia 3x2 Itália
28.06.1950 – Brasil 2x2 Suíça
02.07.1950 – Itália 2x0 Paraguai
09.07.1950 – Uruguai 2x2 Espanha
13.07.1950 – Uruguai 3x2 Suécia
16.07.1950 – Suécia 3x1 Espanha

Curiosidade: A Seleção Brasileira disputou apenas uma partida do Mundial no Pacaembu, e decepcionou com um empate por 2 a 2 contra a Suíça.
Na ocasião, para agradar ao público paulista, o técnico Flávio Costa substituiu a linha média titular, formada pelos "cariocas" Eli, Danilo e Bigode, pela histórica linha do

São Paulo, com Rui, Bauer e Noronha. Não deu certo. A Seleção jogou mal e foi vaiada pelo público que lotou o Pacaembu.

RECIFE

Estádio: Ilha do Retiro
Capacidade: 20 mil torcedores
Números de partidas: 1
Jogo:
02.07.1950 – Chile 5x2 Estados Unidos

Curiosidade: A Ilha do Retiro foi o estádio representante do Nordeste no Mundial, mas recebeu somente uma partida: Chile 5x2 Estados Unidos.
Para receber a Copa do Mundo, os dirigentes e torcedores do Sport Recife, clube proprietário do estádio e que enfrentava dificuldades financeiras, participaram das reformas exigidas pela Fifa na Ilha do Retiro, como o aumento de sua capacidade e a construção de vestiários e alambrados para separar a torcida do gramado.

RIO DE JANEIRO

Estádio: Maracanã
Capacidade: 155 mil torcedores
Números de partidas: 8

Jogos:
24.06.1950 – Brasil 4x0 México
25.06.1950 – Inglaterra 2x0 Chile
29.06.1950 – Espanha 2x0 Chile
01.07.1950 – Brasil 2x0 Iugoslávia
02.07.1950 – Espanha 1x0 Inglaterra
09.07.1950 – Brasil 7x1 Suécia
13.07.1950 – Brasil 6x1 Espanha
16.07.1950 – Brasil 1x2 Uruguai

Curiosidade: Foi a cidade que recebeu o maior número de partidas durante a Copa do Mundo. Na decisão, o Maracanã foi palco para um personagem até então anônimo, que entraria para a história do futebol mundial: Mário Jorge Lobo Zagallo.
À época com 18 anos, Zagallo servia à polícia do Exército Brasileiro e seu pelotão foi escalado para trabalhar na segurança da partida decisiva. Permaneceu em ação no anel superior do estádio, mas foi mesmo um espectador de luxo da partida.
Apenas oito anos depois, Zagallo teria sua revanche particular ao participar como titular da campanha do primeiro título mundial da Seleção, em 1958, na Suécia. O "velho Lobo", por sinal, tem um currículo invejável: participou de quatro das cinco conquistas mundiais da Seleção: foi bi como atleta (1958 e 1962), tri como técnico (1970) e tetra como coordenador-técnico (1994).

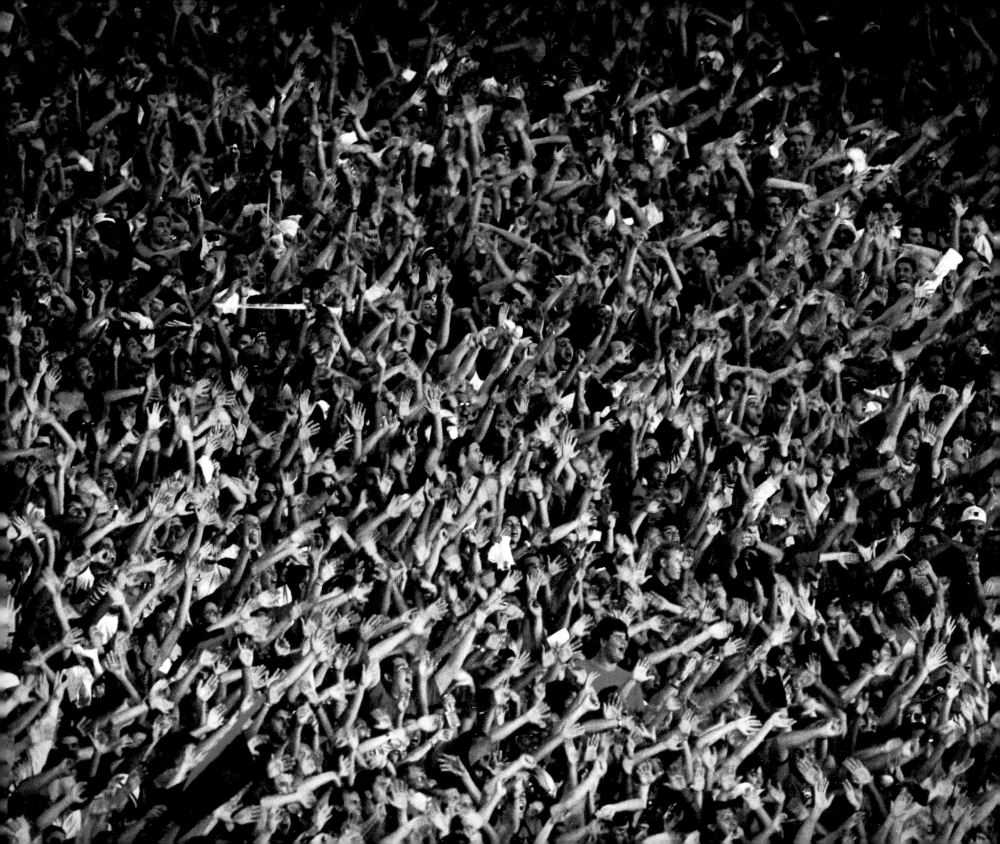

Welcome to Brazil

THE FIVE-TIME WORLD CUP CHAMPION

The Amazon Forest is the goal keeper: Ópera de Arame, Pelourinho, da Liberdade Square and Iracema Beach play defense. Playing midfield, a team lined up with Serra Gaúcha, Praia da Pipa, Three Powers Square and Galo da Madrugada; Paulista Avenue and Pantanal play forward. Coach: Christ the Redeemer.

This dream team, so hard to be lined up thanks to the hundreds of attractions that Brazil offers – for every taste, and every kind of audience –, would certainly be a strong competitor for any title. Between June 12th and July 13th, 2014, they will be some of gorgeous post cards that the country is going to introduce to the globe, during the World Cup Opening.

Twelve cities spread throughout North to South are going to host the 64 games of the most awaited sports competition by Brazilians, held every four years. Picked out in late 2007, Belo Horizonte, Brasília, Cuiabá, Curitiba, Fortaleza, Manaus, Natal, Porto Alegre, Salvador, São Paulo, Recife and Rio de Janeiro have been living with the expectation of the referree's whistle to be blown for the game to start ever since.

In order to meet millions of visitors and billions of spectators worldwide, tens of billions of Brazilian Reais are being invested, mostly, by the three spheres of government. After all, the "soccer country" does not want to say olé! only in the field. All efforts are being taken to ensure that Brazil, along with its host cities and gorgeous attractions, make it an unforgettable World championship.

For each Brazilian citizen, especially for those who live in the chosen cities, the World Cup will have an even greater meaning. Besides the sports legacy, everyone expects investments in the Organization of the World Cup to leave to future generations, as inheritance, an improved quality of life, with more efficient public services and renewed infrastructure.

An example of that are the elevated resources dedicated to remodeling of the Road system and modernization of the transportation system, main investment focuses on the host cities and respective metropolitan areas. If such bottlenecks in the structure of this expanding giant called Brazil are solved, hosting the World Cup will be worth the while, even before soccer starts such as Messi, Cristiano Ronaldo and Neymar start to parade around on our fields.

Those very fields are undergoing major changes. Four new stadiums are being built, five of them are being refurbished and other three are being built over. After the World Cup Month, those very premises will be able to give a boost to national soccer, specially clubs, a national love, as long as managed professionally.

Historic temple of world soccer, Maracanã stadium will host the final game, repeating the 1950 feat. A once in a lifetime chance for the unfortunate Maracanazo – as the Brazilian defeat became known after the final game against Uruguay, in the fourth issue of the World Cup – to cease to be a ghost to Brazilians.

Brazil was a World Cup champion in Sweden, in 58, in Chile in 62, in México in 70, at the United States in 94 and in the double/feat Japan/Korea in 2002. Those Gringos have to forgive us, but nothing is going to compare to winning the championship for the sixth time, now in our own backyard.

Belo Horizonte

Ô TREM-BÃO, SÔ!

The people are warm, their cuisine is known worldwide, it was one of the craddles of Brazilian Popular Music, and is known as the "national capital of bars"... Picking one single word to define Belo Horizonte is not an easy task. That is why it is so attractive and charming.

GENERAL INFORMATION
Area: 330.9 km² - **Population:** 2.375.444 inhab. - **Anniversary:** December 12th - **He who is born in Belo Horizonte is:** *belo-horizontino* - **Climate:** tropical with a dry season. During the colder months, average temperature of 18°C (64.4 F). And above 22°C (71.6 F) during the hotter months. - **Temperature during the World Cup (June/2014):** 25°C (77F) - **Airport:** Tancredo Neves International Airport, in the Confins district

The capital of Minas Gerais state has, according to the last census, over 2.3 million people, the fourth biggest population in the country, behind São Paulo, Rio de Janeiro and Salvador. Building of Belo Horizonte, a.k.a. BH, was planned, inspired in Paris (France) and Washington DC (EUA). **For the World Cup, it is going to receive over R$ 2.5 billion in investments, especially in the urban mobility area and on the hospitality sector.**

With an average climate around 22°C (71.6 F) the city is strongly inclined to different types of trade. Therefore, the traditional Mercado Central (Central Market) and the trendy and busy Savassi area can live together in harmony, and please most of the population and visitors.

BH can also bring together the tradition of the rich history of Minas Gerais, with landscape constructions signed by Oscar Niemeyer, like the Church of Saint Francis of Assisi, in the Architectonic Group located at the Pampulha District, with the modernity of a city that does not compromise when it comes to vast green areas, such as the Municipal park and the Mangabeiras park, besides Serra do Curral, that surrounds part of the area.

DO NOT MISS
HISTORICAL CITIES
True History Classes. That's how the main turistic attractions of Minas Gerais can be defined.

Congonhas, Diamantina, Mariana, Ouro Preto, Sabará, São João Del Rei and Tiradentes are part of a very rich itinerary including artistic and architectonic beauty. They are churches, museums, houses and streets that preserve the tradition and the culture of the famous Inconfidência Mineira – a movement that sought to break the ties between Brazil and Portugal, in 1789, – is alive and preserved within the cities.

Aleijadinho's works, centennial relics and cities granted the title of Cultural Heritage of Humanity, at about 20 km far from Belo Horizonte.

CUISINE

Feijão-tropeiro (bean stew), cheese puffs, okra with chicken, canjiquinha (sweet hominy), Green corn or cornmeal (fubá) Brazilian Polenta, cheeses and a wide variety of sweets... It is hard not to "lick your lips" in anticipation when you think of the plentiful and delicious cuisine from Minas Gerais.

With a strong influence from the mining period, in the 18th century, the local cuisine mixes the simplicity of an old firewood stove with the tradition of recipes passed on from one generation to the other. They have learned that nothing gets lost, everything is added to the pot. The "mexidos" (left-over casseroles) use left over meat, legumes, beans and vegetables turn into feasts. They have become a trademark of the bars spread in town.

Food that can go down with a dose of *cachaça*. For those who appreciate the traditional alcoholic beverage, Belo Horizonte brings together a big variety of homemade brands that please every taste.

PRAÇA DA ESTAÇÃO (STATION SQUARE)

The traditional meeting point for hundreds of Belo Horizonte dwellers everyday is going to host the Fifa *Fan Fest*, during the World Cup.

Built in 1920, the place was refurbished in the early 2000's and regained some of its past glamour. The old train station was the entrance to BH, a major reference point for people who came and who left town. After implementation of the Museu de Artes e Ofícios (Museum of Arts and Crafts), the Praça da Estação became a Cultural Center and a milestone between old and new.

MAIN SOCCER CLUBS

1. AMERICA FOOTBALL CLUB - **Mascot:** Rabbit – **Colors:** Green and White – **Founded on:** 4/30/1912 – **Stadium:** Independência, opened in 6/25/50 – **Address:** Rua Mantena, 80 – Ouro Preto/Belo Horizonte (MG) – **Main championships:** 1 *Série B* of the Brazilian Championship (1997) – 15 state championships – **Official Website:** www.americamineiro.com.br

2. ATLÉTICO MINEIRO - **Mascot:** Rooster – **Colors:** Black and white – **Founded on:** 3/25/1908 – **Address:** Avenida Olegário Maciel, 1.516 – Bairro de Lourdes/Belo Horizonte (MG) – **Main championships:** 1 Brazilian Championship (1971) – 2 Conmebol Cups (1992 and 1997) – 40 state championships – **Official Website:** www.atletico.com.br

3. CRUZEIRO ESPORTE CLUBE - **Mascot:** The Fox – **Colors:** White and blue – **Founded on:** 1/2/1921 – **Address:** Rua Timbiras, 2.903 – Barro Preto/Belo Horizonte (MG) – **Main championships:** 2 Libertadores (1976 and 1997) – 2 Supercopas (1991 and 1992) – 1 South American Recopa (1998) – 2 Brazilian Championships (1966 and 2003) – 36 state championships – **Official Website:** www.cruzeiro.com.br

WHO HAS SHONE IN BH?

JAIR BALA

The name Jair Felix da Silva may not be easily known in soccer, but if you add the nickname 'Bala' (bullet), it becomes a synonym of America Football Club!

The former forward, born in Espírito Santo state, made history in the Rabbit Team. He was one of the outstanding players Champion team from Minas in 1971, considered one of the main players of the club since that one who won tem consecutive state championships at the beginning of the last century.

A soccer wizard, he played for a few national soccer giants, such as Flamengo, Palmeiras, Santos and Botafogo. Jair earned his nickname while he was playing for Flamengo. One day, he went to collect the money for a victory. One club employee wanted to pull a prank on the young athlete and pulled a gun, trying to scare him. He did not know it was loaded... There was an accidental shot to the ground, but the bullet entered the player's left thigh and settled in the groins. The doctors did not want to remove the bullet. Jair carries it to this day, even on his name.

REINALDO

Left arm up, fist closed. Right arm behind his body. A scoring celebration style mixed up with a silent protest during the military dictatorship in

Brazil, after the Black Panther Party in the United States. His trademark made José Reinaldo de Lima one of his generation's most engaged parties.

He left the base categories and shone on the Black and White uniform of the Minas Gerais Rooster. He started playing among the professionals when he was only 16. He played 475 matches for Atlético, scoring 255 goals, a Record to this day. He won 8 state championships and was twice the national runner up with the club. He also suffered injuries, especially one on his left knee, which shortened his carreer. He retired at 31, after playing on clubs in Brazil and abroad.

Wearing the Brazilian National team shirt, he played on the 1978 World Cup in Argentina. He scored in 14 opportunities over the 37 matches played across the country. The crowd would chant: "Reinaldo is our King!")

TOSTÃO
Eduardo Gonçalves de Andrade, a.k.a., Tostão. He was a scrawny looking boy, who, at 8 years of age, already played with boys up to 15 years old. Small in size, big in talent. He was trained on futsal pitches.

He was so promising that, on the day he was hired by Cruzeiro, he caused the president of the club at the time, Felício Brandi, to arrive late at his own wedding. Tostão needed to start the honeymoon with the fans. And it did last... perhaps it is still going on.

Tostão is the celestial's greatest striker in history, having scored 245 goals, in eight years defending the club, in a total of 383 matches. At the occasion, he won the 66, singing Pele's famous Santos to a corner, besides six State Championships. Figures were not higher due to an unexpected twist of fate: he had to quit soccer when he was 25, after suffering a retinal detachment and running the risk of losing eyesight.

Playing for the Brazilian National Team, he was he made first team squad in the conquest of the 70's World Cup, in Mexico. He scored 36 goals in 59 matches wearing the team's shirt.

STAGE OF THE 2014 WORLD CUP
The refurbished Mineirão stadium will host the World Cup in BH. The local sports fan will be able to watch, in total, six games of the competition in 2014. There is even the possibility of two of them being Brazilian games, in case the team is the first of its group in the initial group stage. Speaking of which, the stadium has welcomed the Green-and-yellow team in other 20 occasions, and in 15 of them, the house team was victorious.

In order to adjust to the Fifa requirements for the World Cup, Mineirão received an investment of over R$ 690 million dollars. Its capacity, for 76,000 people, was decreased to 67,000. In terms of structure, the main change was lowering of the field, which is going to bring spectators closer to the players.

Besides the construction of boxes and VIP Area with six thousand seats, restaurants, a new press area and parking lots, the stadium has been given the title of "environmentally sustainable", thanks to the collection of solar energy in its roof top.

MORE ABOUT MINEIRÃO
Official Name: Estádio Governador Magalhães Pinto (close to the Pampulha Complex, designed by Oscar Niemeyer, the façade was registered as a historic site by the Belo Horizonte National Heritage Council) - **First Game:** Seleção Mineira 1x0 River Plate (Argentina), in 9/5/1965 - **Player who scored the first goal:** Buglê, former Atlético/MG forward - **Public Record:** 132.834, on the game Cruzeiro 1x0 Villa Nova/MG, in 6/22/1997 - **Brazilian National Team Games:** 20 games, with 15 victories, three ties and two defeats

Brasília

THE HOLDER OF THE COUNTRY CAPITOL HOLDS THE BALL!

To know Brasilia is to dive headfirst in the recent history of the country. Conceived by designer Oscar Niemeyer and by urbanist Lúcio Costa, the city was created out of the decision of former president Juscelino Kubitschek to remove the country capitol from Rio de Janeiro, in an attempt to promote national integration. With only 4 years of construction, Brasilia was founded in April 21, 1960, changing the Center of the country into the Federal District.

GENERAL INFORMATION

Area: 5.802 km² – **Population:** 2.562.963 inhab. – **City's anniversary:** April 21st **He, who is born is Brasilia is:** *brasiliense* or *candango* – **Climate:** semi-arid, with two well-defined seasons: dry and humid. – **Temperature during the World Cup (June/2014):** between 10°C (50F) e 32°C (89.6 F). During the World Cup, temperature at evening and early mornings will range from 10° C (50F) a 15°C (59 F). Air humidity drops and the temperature oscillates greatly, it will be cold in the morning, hot in the afternoon and cold at night. – **Airport:** Juscelino Kubitschek

The fact that the city was planned, that it has large avenues and addresses defined by alphanumeric combinations are features that make the Brazilian Capitol, with a current population of over 2.5 million people, a unique city, very different from other national metropolis.

The modernist outlines by the modernist outlines by the city's creators can be seen in several works, which became touristic attractions, such as the National Congress, the *Palácio do Planalto* and the Metropolitan Cathedral of Brasilia, among others. Nowadays, Brasília parades the title granted by Unesco of Cultural Heritage of Humanity.

During the 2014, World Cup, the city is going to host seven matches, and the Brazilian national Team is going to be in one of them in the first Group Stage. Warm-up is going to be in 2013, at the Confederations Cup, with the opening match – again with Brazil on the field. The players are going to display their technique at *Estádio Nacional Mané Garrincha* (Mané Garrincha National Stadium), a new giant stadium, with the capacity to hold 70,000 people, which is named after one of soccer's biggest geniuses.

The competition can also help boost local soccer, which does not often display significant results.

DO NOT MISS
PRAÇA DOS TRÊS PODERES (THREE POWERS SQUARE)

A place that brings together federal bodies from the Executive, Legislative and Judiciary Powers, and that can be called the 'heart of power' in Brasília... that is *Praça dos Três Poderes*, where the Itamaraty Palace, *Palácio do Planalto*, the Brazilian Palace of Justice, the Brazilian Supreme Court and the National Congress are located.

Each Building has a different characteristic. The National Congress, for instance, is made up by two shells: one is concave (of the Federal Senate) and the other is convex (the Chamber of Deputies). Two buildings, that hold the administrative part, form a H-like shape and complete Niemeyer and Costa's work. The Brazilian Supreme Court is another masterpiece, with the majestic sculpture A *Justiça* (The Justice) right at its entrance.

THE METROPOLITAN CATHEDRAL OF BRASILIA

One of Oscar Niemeyer's finest works, the Metropolitan Cathedral of Brasilia is one of the most visited of the Federal District.

The mega structure, made up by 16 concrete pillars and united by a 60 m diameter base, is covered by 500 tons of marble.

On the inside, bronze statues, sculptures, Di Cavalcanti's Via Sacra and three angels hanging from the ceiling, that seem to be descending from the sky to touch the visitors. Details that force tears and sighs out of believers and tourists.

PARANOÁ LAKE

You must have heard of *Lago Sul* (South Lake). How about *Lago Norte* (North Lake)? The neighborhoods are located on the peninsulas of the country's most famous artificial lake.

By damming the waters of the Paranoá River, Brasília created a big leisure center. Artificial Beaches, reference for the practice of nautical sports, meeting place for fishermen, besides being a hot meeting point, with bars and restaurants.

It is about 50 km² wide, and shelter many species of birds and mammals.

MAIN CLUBS

1. BRASILIENSE FUTEBOL CLUBE (Brasiliense Football Club) - **Mascot:** Alligator - **Colors:** yellow and white - **Founded on:** 1/8/2000 - **Address:** Setor de Indústrias de Taguatinga, Q I 08, Lotes 73/75 - Taguatinga (DF) - **Main championships:** 1 *Série B* of the Brazilian Championship (2004) - 7 State Championships - **Official Website:** www.brasiliensefc.net

2. SOCIEDADE ESPORTIVA DO GAMA (Gama Sports Association) - **Mascot:** Parakeet - **Colors:** green and white - **Founded on:** 11/15/1975 - **Address:** Área Especial 1/4, Setor Central - Gama (DF) - **Main championships** - 1 *Série B* of the Brazilian Championship (1998) - 10 State Championships - **Official website:** www.segama.com.br

WHO SHONE IN BRASILIA?

IRANILDO

Born in Pernambuco, the short and skilled midfield stood out in national soccer in rose to fame in national soccer at Rio de Janeiro. He was in Botafogo and Flamengo twice, conquering fame and important championships.

But winning five state titles has made Iranildo Hermínio Ferreira a symbol of Brasiliense.

Iranildo was also the head of the team which gave the Alligator a national championship: *Série B* of the Brazilian Championship, in 2004, and the passport to put the club on the Brazilian soccer's elite... and his name in the history of candango soccer.

DIMBA

Born in Sobradinho, Editácio Vieira de Andrade, a.k.a. Dimba, started his soccer carreer in his hometown. After playing for Brasília, he was hired by Gama, in 1996. A year later, he went to play for Botafogo and his carreer took off. He became nationally acknowledged for, when scoring at the final of the 97 Carioca, at Maracanã, eating grass to celebrate it.

In 2002, he went back to Gama. When he once again left the team, he stood out on Goiás, when he became a striker for the Brazilian Championship in 2003.

In his last active years, he played for some time in several clubs in Brasilia, such as Ceilândia, Brasiliense and Legião.

STAGE OF THE 2014 WORLD CUP

For hosting seven World Cup games (including one game in the round of eight, one game from the quarters and the match for the third place), besides the opening of the Confederations Cup, in 2013, the Mané Garrincha National Stadium was enhanced in size.

Its capacity will go from 45,000 to 70,000 people. The refurbishing project's budget was R$ 812 million.

It will have a metallic structure cover, the grass will be lowered and the track field will be removed. The project did not neglect the environment, with sustainability actions, proof of that is that the covering will be able to capture sun light, generating the needed energy to run the stadium.

MORE ABOUT MANÉ GARRINCHA

Official Name: Estádio Nacional Mané Garrincha (Mane Garrincha National Stadium) - **First Game:** Ceub 1 x 1 Corinthians, in 3/10/1974 - **Player who scored the first goal:** Vaguinho, from Corinthians - **Public Record:** 51.000 paying people, on the Gama x Londrina game, in 1998 - **Brazilian National Team Games:** seven games, with six victories and one defeat

Cuiabá

THE BALL IN THE PLANET'S GREEN SANCTUARY

The 2014 World Cup is seen as a great opportunity for Cuiaba to take a leap of quality in the service area and its urban infrastructure. Granted, the World Cup will benefit the city development, but it works both ways: for soccer lovers, it is a privilege that Cuiabá, surrounded by the Amazon Forest's, Cerrado's and Pantanal's paradise biomes, has been chosen as one of the headquarters.

GENERAL INFORMATION
Area: 3.984,9 km² - **Population:** 550,562 inhab. – **Anniversary:** April 8th
He who is Born in Cuiaba is: *cuiabano* – **Climate:** hot tropical, humid in the summer and dry in the winter – **Temperature during the World Cup (June/2014):** 25°C (77 F) – **Airport:** International Marechal Rondon

In the capital and in Mato Grosso, the visitor will be able to watch four World Cup Games in the second half off June and in the interval between matches, enjoy a series of nature related attractions, such as falls, grottos, cliffs, boat trips and sport fishing.

When the World Cup starts, the expectation is that the visitor finds a city that has been revitalized by important urban mobility works, duplication of the Mário Andreazza Bridge, implementation of the Light Rail Vehicle (LRV) system and modernization of the Marechal Rondon Airport.

In soccer, stakes are even higher. Revitalization of the old stadium Verdão, which will be replaced with the modern Arena Pantanal, may work as an inducing agent to renew its clubs, at least 30 years far from the main national competitions, such as Mixto and Dom Bosco, which doesn't even keep its Professional team active.

DO NOT MISS
PANTANAL

The unique beauty of the Pantanal complex has been admired by every Brazilian from the school years. But, to this day, many people only "know" it from books or documentaries on TV. Certainly, there will be no better moment to cross this barrier than the 2014 World Cup.

One of the most exotic landscapes in the planet, regarded by Unesco as Cultural Heritage of Humanity, Pantanal is the largest floodplain on Earth, originated in a region with a large rainfall and flood rate caused by countless streams and lakes.

Its fauna diversity is one of Pantanal's main attractions. There, the visitor will find himself among 650 bird species, 80 mammal species, over 250 fish species and around 50 reptile species. Among them, the most widely known are the jabiru, Pantanal's symbol bird; the blue macaw, snowy egrets, sparrowhalks, jaguars and alligators.

In recent years, the sector has received a large investment to develop its touristic potential and several Pantanal inns were created to explore ecotourism.

CHAPADA DOS GUIMARÃES

With a movie-like scenery that makes every visitor awestruck before such beauty, the Chapada dos Guimarães National Park, located in the city with the same name, only 60 km far from Cuiabá, is one of the main attractive features of a region that stands out precisely for the green options.

The park is open to daily visits and offers an spectacular relief. The plateau elevation varies between 600 and 800 meters and has several rock formations, archeological sites and a large number of falls, including *Véu de Noiva* ("Bride's Veil"), one of the country's most famous falls, with spectacular 86 meters of free fall.

At Chapada dos Guimarães, visitors find a surprise at each step with the richness and diversity of the fauna. Do not be surprised if you run into a maned wolf, a golden eagle, sparrowhalks, the giant anteater or alligators.

The best time to visit is between the months of November and July, due to the draught. In other words, there is no excuse to miss the chance of visiting the "Chapada" during the World Cup.

SPORT FISHING

Fishing is one of Mato Grosso's most traditional economic activities, and it has gaining more space each year as a great touristic option, thanks to the countless existing attractions in the Pantanal region.

Amateur Fishers from all over the country and from South America are attracted by the variety of big fish species, such as dourado, pintado, pacu and jaú, and challenge the waters of the Rivers Paraguai, Vermelho and Aquidauana.

Due to development of the sector, the trip became more complete. The tourist is provided with a good infrastructure, transportation, accommodation and specialized services, besides luxuries that used to be unconceivable, such as hotel boats, for instance.

MAIN CLUBS

1. CUIABÁ ESPORTE CLUBE (Cuiaba Sport Club) - **Mascot:** Dourado - **Colors:** yellow and green - **Founded on:** 2001 - **Address:** Rodovia BR-364, s/nº – Distrito Industriário/Cuiabá (MT) - **Main championships:** 3 state championships - **Official Website:** www.cuiabaesporteclube.com.br

2. CLUBE ESPORTIVO DOM BOSCO (Dom Bosco Sport Club) - **Mascot:** The Lion - **Colors:** blue and white - **Founded on:** 1/4/1925 - **Address:** Rua Diogo Domingos Ferreira, 145 – Centro/Cuiabá (MT) - **Main championships:** 6 state championships - **Official Website:** none

3. MIXTO ESPORTE CLUBE (Mixto Sport Club) - **Mascot:** Tiger - **Colors:** Black and white - **Founded on:** 5/20/1934 - **Address:** Av. Historiador Rubens de Mendonça, 2.254, 10º andar, sala 1005 – Bosque da Saúde/Cuiabá (MT) - **Official Website:** www.mixtoec.com.br

WHO HAS SHONE IN CUIABÁ?

TOSTÃO

If you ask around about Luiz Antonio Fernandez in Cuiabá, few people will be able to tell you who he is. But if you prefer to make things simpler and ask for Tostão, they will have the answer on the tip of their tongues.

Owner of an elegant, technical and opportunistic soccer playing style, Tostão earned, in the base categories in Santos, in 1975, the same nickname of the soccer star from Cruzeiro who won Brazil's third time championship in the Mexico World Cup. Granted, he was not as widely known as his famous counterpart, but he was successful in the Brazilian Midwest Region, nonetheless.

Discovered by Santos, with a discreet spell in Goiás, Tostão arrived in Mixto in 1980 to become famous. He was the symbol of one of the greatest teams in the history of the club, responsible for the unforgettable victory of 4 to 2 over the strong Cruzeiro, in the Brazilian Championship of 1982.

His brilliant performance shortened his stay in Cuiabá and opened the doors for him in the club from Minas Gerais, where he was successfull, as well as in Coritiba. Although he did not play in Cuiabá fields for long, Tostão is, without a doubt, one of the idols in the story of local soccer.

STAGE OF THE WORLD CUP

The old *Governador José Fragelli* stadium, a.k.a. Verdão, is part of the Mato Grosso soccer history and is being replaced with the modern Arena Pantanal, a project inspired in the English arenas and will receive investments of around R$ 350 million to be put in practice.

The new house of Mato Grosso soccer is going to stage four matches of the first stage of the 2014 World Cup and its capacity will be for 42,500 spectators – after the Cup, there will be 28,000 seats, a number that is more coherent with the demand of the sport in the state.

The project anticipates the elimination of the old ditch, ensuring that the public be closer to the field and that its architecture gives priority to ventilation, to try and reduce the effects of Summer in Cuiabá, when temperature nears 40ºC (104 F).

Another feature is the inclusion of large green leisure areas along the side of the complex, including a woodland path, ponds with paddle boats and a walk.

The Arena Pantanal will also offer restaurants, hotels and a parking lot with capacity for 15,000 vehicles.

MORE ABOUT ARENA PANTANAL

Former name: Estádio Governador José Fragelli, a.k.a. Verdão – **First Game:** Mixto 2x0 Dom Bosco, in 4/8/1976 – **Player who scored the first goal:** Pastoril, former midfield at Mixto – **Public Record:** 47.324, at the game Mixto 1x7 Flamengo, in 2/10/1980 – **Brazilian National Team Games:** four games and four victories

Curitiba

THE MODEL CITY AND THE WORLD ROLE-MODEL

Curitiba proudly carries the title of model city, received in the 1970's, when a different urban project, based on an integrated transportation system, drove its harmonious development, with large, forested avenues.

A role-model for urban development, with striking European features, thanks to inspiration from the German, Polish, Italian and Ukrainian Immigrants, Curitiba is also a role-model when it comes to the quality of life index offered to its dwellers: with a number of public, with leisure options for all tastes that are able to attract visitors from all over the country, the city keeps a great number of green areas, with 64 m² of area per capita, an index five times the recommended by the UN.

Curitiba's orderly development inspired the growth of its soccer as well. Although still unable to compete with the country's greatest clubs, São Paulo's and Rio de Janeiro's in particular, in terms of investment and fans, Atlético, Coritiba and Paraná Clube have put their stakes in organization to grow.

The bet was right and nowadays, these three clubs have good stadiums – Atlético's Arena da Baixada is undergoing improvements to hold the World Cup – and well-structured teams, that don't stop showcasing talents to national soccer and take turns fighting for titles: Atlético and Coritiba have won the Brasileirão and, recently, have had small roles in the Copa Libertadores, main competition in the continent.

The very model that served as inspiration to develop the city and the soccer from Parana is the bet for Curitiba to have an exemplary setting in the World Cup. Besides upgrading of Arena da Baixada, new improvements are programmed for the collective transportation system, with building of BRT (Bus Rapid Transit) aisles and revitalization of existing aisles and terminals; besides refurbishing of the Afonso Pena Airport.

This is a recipe that Curitiba has been successfully adopting for decades, which is adopted again in the preparation for the World Cup. Will it be successful? That is for sure. In Curitiba, the people know the way to success.

GENERAL INFORMATION

Area: 434.9 km² - **Population:** 1.860.000 inhab. - **Anniversary:** March 29th - **He who is born in Curitiba is:** *curitibano* – **Climate:** Humid subtropical, with four well-defined seasons – **Temperature during the World Cup (June/2014):** between 9°C (48.2 F) and 18°C (64.4) – **Airport:** Internacional Afonso Pena (International Afonso Pena Airport)

DO NOT MISS
BOTANIC GARDENS

Even if you have never been there, the image will certainly be familiar to you: the green house with three *art nouveau*-style domes, inspired in the London Chrystal Palace, before a stupendous French-style garden. This is the most striking landscape of the Curitiba Botanic Gardens, one of the Parana capital's most famous touristic attractions.

Opened in 1991, the Botanic Garden gathers thousands of vegetation samples from Brazil and from several other countries of the across the five continents, along a series of promenades, and iron-and glass Green houses.

The complex also has the Frans Krajcberg Cultural Center, which unites masterpieces and pictures from the Polish artist, on a permanent exhibit to Foster environmental awareness; and the Botanic Museum, with an auditorium, a research center, a specialized library and an exhibition Center. All this together in a 178,000 m² area in a delicate, gorgeous landscape, of that you have to see up close.

ÓPERA DE ARAME (WIRE OPERA HOUSE)

You must have been to several theaters, but will be forced to reevaluate all you know about the subject once you go to Ópera de Arame, a different theater built in the urban green park, Parque das Pedreiras, where one can also find the Pedreira Paulo Leminski (Paulo Leminski Quarry).

The Opera House was built using steel tubes and metallic structures and covered with transparent polycarbonate sheets that give it the look of a frail wire structure.

The extraordinary landscape is made even prettier because the Opera House is located between lakes, waterfalls and the typical Atlantic Forest vegetation of the Parana capital. The space can hold around 1.500 people and has held striking presentations, including the 300th anniversary of the city in 1993, with a presentation by the Brazilian Symphony Orchestra, in a concert by Catalan tenor José Carreras.

SANTA FELICIDADE

Is Curitiba's gastronomic Center, with options for all tastes and special attention to the Italian cuisine, outstanding in a neighborhood which origins are associated to the first steps of Italian immigration in the estate capital.

Besides the delicious pasta, cheeses, salami and homemade wines, Santa Felicidade is a good option for people who appreciate architecture. They can check out the peculiarities of the Igreja Matriz de São José (Saint Joseph Church), of the Casa dos Gerânios (Geranium House), Casa dos Painéis (Panel House), Casa Culpi (Culpi House), of the Casa das Arcadas (Arcades House) and mainly the cemetery, with its pantheon made of 18 neoclassical style chapels.

After a tasty meal and a stroll along the neighborhoods' most famous buildings, going shopping could be another nice option. Get ready to give your friends, or decorate your own house with, products from the vineyard and the craft stores as well as wicker furniture other famous local attractions.

BARIGUI PARK

Ecological capital of the country, Curitiba has 33 public parks and woods. And one of the busiest parks is Parque Barigui, with a total area of 1.4 million m². "A Public Sweetheart", it was not an accident that Barigui was chosen as the meeting point for the soccer supporters from Curitiba and will host the *Fan Fest* during the World Cup.

Created in 1972, it is named after the Barigui River, which has been dammed and nowadays forms a big pond inside the park, where visitors can enjoy the company of several animal species living there in the open.

As if its natural beauty was not enough, Barigui Park is also a favorite due to its great leisure structure, which included kiosks with barbecue, poly sport courts, gym, track fields, bike and rollerblade tracks, besides the Curitiba's Automobile Museum and the Capital's Exhibition Center, with 10,000 m².

MAIN CLUBS
1. CLUBE ATLÉTICO PARANAENSE (Atlético Paranaense Club)
– **Mascot:** Cartolinha – **Colors:** red and black – **Founded on:** 03/26/1924 – **Stadium:** Joaquim Américo (Arena da Baixada),

opened in 06/24/1999 - **Address:** Rua Petit Carneiro, 57 – Água Verde/Curitiba (PR) - **Main championships:** 1 Brazilian Championship (2001) – 1 *Série B* of the Brazilian Championship (1995) – 22 state championships - **Official Website:** www.atleticoparanaense.com.br

2. CORITIBA FOOTBALL CLUB - **Mascot:** Vovô Coxa (Grandpa Coxa) - **Colors:** Green and White - **Founded on:** 10/12/1909 – **Stadium:** Major Antônio Couto Pereira, opened in 20/11/1932 - **Address:** Rua Ubaldino do Amaral, 37 – Alto da Glória/Curitiba (PR) - **Main championships:** - 1 Brazilian Championship (1985) – 2 *Séries B* of the Brazilian Championship (2007 and 2010) – 36 state championships - **Official Website:** www.coritiba.com.br

3. PARANÁ CLUBE - **Mascot:** Blue Carrion Crow - **Colors:** red, blue and white - **Founded on:** 12/19/1989 - **Stadium:** Durival de Britto (Vila Capanema), opened in 1/23/1947 - **Address:** Av. Presidente Kennedy, 2.377 – Vila Guaíra/Curitiba (PR) - **Main championships:** 1 *Series B* of the Brazilian Championship (1992) – 1 Copa João Havelange – Yellow Module (2000) – 7 state championships - **Official Website:** www.paranaclube.com.br

WHO HAS SHONE IN CURITIBA?
ALEX

In 2012, playmaking midfielder and top scorer discovered by Coritiba is still active and playing very well even in the final stages of his carreer. At 34 years old, is regarded practically as a demi-god by the supporters of Fenerbahçe, a Turkish club whose shirt he has been wearing for eight years, after almost 200 goals and many titles.

Alex's victorious trajectory in soccer started in Curitiba, his home town, and at 17, he was already an outstanding player at Coritiba, which helped promote the return to the Brazilian soccer elite, in 1995. He played great soccer for two years at Coxa, until he was transferred to Palmeiras.

In São Paulo, Alex became known in Brazil and helped Palestra win two titles the club had never won before: Copa do Brasil (Brazil Cup), in 1998, and Copa Libertadores, in 1999. By then, he was already in the Brazilian National Team's call-up. He could have been in the campaign for the championship in the 2002 World Cup, but he was left out by Felipão.

It was the National Team's loss. On the following year, Alex, who at the time had the unfair reputation of a "sleepy" player, played brilliantly and was the leader of Cruzeiro and Best player in the Country in the fight for the Brazilian title.

After that, he went to Turkey, where he is brilliant to this day, while the white coxa fans dream of a possible return for a last season, at least, in his favorite club.

DJALMA SANTOS

During the 1958 World Cup, the right-back Djalma Santos only played in one game, the decisive match against Sweden, and he only needed those mere 90 minutes to be elected the Best player in his position on that tournament.

The funny 1958 incident is just the first impression for he who is considered the biggest right-back in the history of Brazilian and one of the biggest in the planet in that position. In 1962, he helped the Brazilian National Team conquer the World Championship for the second time, as the first-team player.

Symbol of long-life in the team, Djalma played for Portuguesa and Palmeiras for over ten seasons and has almost 500 matches in each club.

Acknowledged in São Paulo, he went to Curitiba at 39 and defended Atlético Paranaense for four additional seasons, until 1942, when he retired at 42 in the *Furacão*. Time enough to be a state Champion in 1970, and make his mark as an idol for the Black and Red fans.

RICARDINHO

Tcheco, Lúcio Flávio, Thiago Neves... In its short-lived history, Paraná Clube specialized in disclosing in revealing great midfields to the Brazilian soccer and none of them shone as much as Ricardo Luís Pozzi Rodrigues, Ricardinho.

Technical midfielder, good foul caller and striker, Ricardinho bloomed in Brazilian soccer during the 1990's and was three-time state champion with Paraná, between 95 and 97. After that, he has spells in Bordeaux, France, until he settled down in Corinthians, in 98. There, he had his break and collected titles: world champion, Brazilian two-time champion, two-time Champion in São Paulo, Copa do Brasil champion.

From Parque São Jorge, he got a shot in the Brazilian National Team and a streak of good luck helped him be a five-time champion the Japan/Korea World Cup, in 2002: in Asia, Emerson, the captain at the time, injured himself and was cut by coach Luiz Felipe Scolari, who called Ricardinho to replace him.

After the World Cup, he replaced Corinthians with São Paulo, in a polemic transfer. He also had a spell at Santos – where he won the 2004 Brasileirão –, Atlético-MG and Bahia. In 2006, he played in his second World Cup, in Germany. He also had spells at clubs in England,

Turkey and Qatar until he retired from his victorious carrer, in 2011. Now, he takes the first steps as a coach, at Paraná, the very same club where it all started.

STAGE OF THE WORLD CUP

A symbol of pride for the Atlético-PR fans, Arena da Baixada will house the World Cup in Curitiba and receives investments of around R$ 230 million to host four matches of the first group stage of the World Cup.

Although it is one of the newest, most modern stadiums of Brazilian soccer, the Arena is being remodeled to adjust to the Fifa demands for the World Cup, with the enhancement of the bleachers sector parallel to the field, which will enhance its capacity to 41,000 spectators.

The project also expects replacement of all seats and remodeling of the lining – all seats in the stadium will be covered.

The new Arena da Baixada is also being remodeled to increase its capacity, even when soccer is not the main attraction. The complex will have a press center, a trade center, a food court and a parking space for around two thousand vehicles.

MORE ABOUT ARENA DA BAIXADA

Official Name: Estádio Joaquim Américo (Joaquim Americo Stadium) – **First Game:** Atlético-PR 2x1 Cerro Porteño (PAR), in 06/24/1999 – **Player who scored the first goal:** Lucas, former Atlético-PR striker –**Public Record:** 31.700, on the Atlético-PR 4x2 São Caetano game, in 12/16/2001 – **Brazilian National Team Games:** two matches and two victories

Fortaleza

SOCCER, SUN AND CHEERFULNESS IN THE HOME OF COMEDY

The capital of Ceará brings together the necessary conditions to be one of Brazil's main passages to tourists during the World Cup 2014.

This is due to the fact that Fortaleza provides the shortest route to European, African and American visitors, thanks to its location, just below the Equator line. In a little over six hours of flight, tourists will be able to enjoy one of the most beautiful cities of the Brazilian North East.

This is guarantee that the six World Cup Games that will take place in Castelão, one of them with the Brazilian National Team, will be forever in the history of Ceará. It will be an appetizer for the classic game Fortaleza and Ceará, which divides the state and brings whole crowds to the stadium.

Those who cannot buy a ticket for one of the 40,000 seats available after Castelão is remodeled will be able to watch the World Cup in one of the cities touristic points. Iracema Beach is going to host the Fifa *Fan Fest* and will be a meeting point for all kinds of people during the competition.

Currently, Fortaleza is on the top 5 biggest cities in Brazil. With around 2.4 million people, it offers several leisure and entertainment options. *Costa do Sol Nascente* (Sunrise Coast)'s e *Sol Poente* (Sunset Coast)'s natural beauty and the mildest climate in the hillside area close to Fortaleza, are perfect places for the practice of water sports. Not to mention the famous forró music, that plays nonstop around there...

Being in Ceará is the guarantee of smile and laughter. Comedy shows take place everyday all around town, a tricking characteristic in the hometown of comedians such as Chico Anysio, Tom Cavalcante, Renato Aragão, and others.

DO NOT MISS
BEACH PARK

Located in Aquiraz, metropolitan area of Fortaleza (around 20 km from the capital), the waterpark, considered the biggest in Latin America, receives over 700,000 people every year.

It is composed by a beach, resort, swimming pool with waves and tens of options of waterslides, waterfalls and rides to entertain people from all ages.

GENERAL INFORMATION
Area: 313 km² - **Population:** 2.431.415 inhab. - **Anniversary:** April 13th - **He who is born in Fortaleza is:** *fortalezense* - **Climate:** being on the semi arid, bur surrounded by mountains, changes the local climate, with a higher incidence of summer showers. The average temperature is 26°C - **Temperature during the World Cup (June/2014):** 29°C - **Airport:** Internacional Pinto Martins (Pinto Martins International Airport)

The place, which has become a reference for people who visit Ceará, can hold up to eight thousand people every day.

COCÓ PARK

Over a thousand hectares, in an area that extends from the mouth of the Cocó River, form an Ecological park named after the region's main watershed.

Besides being important to protect the environment, Parque Ecológico do Cocó has turned into a huge leisure area in Fortaleza. At the urbanized part, sports courts, Cooper tracks, kids parks, amphitheater, space for concerts and several types of ecological hiking make up the large range of options.

BEACHES

A vast array of options that meets all tastes. Fortaleza beaches deserve a separate chapter for the tourists. Iracema beach is not busy Just during the day; it has become a point in the late afternoon, for those who wish to see an unforgettable sunset. In the evening, there is where the action is, with plenty of bars and restaurants.

Do Futuro Beach has a gorgeous view, besides being known for the cleansiness. The kiosks sell local food, like *caranguejada* (crab meat stew), one of the most desired dishes in town.

JERICOACOARA

Located west of the state, around 280 km far from Fortaleza, Jericoacoara is a local paradise.

The fisherman's village located between the dunes is surrounded by crystal clear lagoons. No wonder it was elected one of the tem most beautiful beaches in the world by the *Washington Post*.

Besides its natural beauty, Jeri (its term of endearment) is a priviledged place for wind surfing, kite surfing, surfing and sailing. If those activities *do not float your boat*, do not worry. You can still enjoy the dunes with buggy rides, quad rides or by sand boarding.

MAIN CLUBS

1. CEARÁ SPORTING CLUB - **Mascot:** Grandpa - **Colors:** Black and white - **Founded on:** 6/2/1914 - **Address:** Avenida João Pessoa, 3.532 - Porangabuçu/Fortaleza (CE) - **Main championships:** 41 state championships - **Official Website:** www.cearasc.com

2. FORTALEZA ESPORTE CLUBE (Fortaleza Sport Club) - **Mascot:** Tricolor de aço and the Lion - **Colors:** red, blue and white - **Foundation date:** 10/18/1918 - **Address:** Av. Senador Fernandes Távora, 200 - Pici/Fortaleza (CE) - **Main championships:** 39 state championships - **Official Website:** www.fortalezaec.net

WHO HAS SHONE IN FORTALEZA?

SÉRGIO ALVES

The nickname "Fortaleza's headman" illustrates why Sérgio Alves is adored by Ceará fans.

The forward, who was born in 1970, lived glory days in Vozão, having scored over 250 goals. He helped conquer 4 state titles and also took part in making second runner up of Copa do Brasil in 1994, having been defeated by Grêmio. Such defeat is questioned by the fans to this day, who felt the referee was biased against them.

Ceará Striker in one edition of the *Série B*, Sérgio Alves retired in June 19, 2010, after a defeat against ABC, from Natal, 2 to 1, at Castelão, in a match that was going to count points for the Northeast Cup. Replaced at the end of the first half, the striker took a victory lap and was touched with the crowd's praise.

In his curriculum, Sérgio has spells at Fluminense, Bahia, Guarani, Ponte Preta, Santa Cruz and ABC, among others. Even after hanging up his boots, he did not leave the Ceará club: he has led over the base categories, was assistant coach to the pro team and was even a substitute director for the main team.

MIRANDINHA

Francisco Ernandi Lima da Silva, a.k.a. Mirandinha, became known as a "greedy player", thanks to his style. Quick, he'd run with the Ball and would often fail to serve the ball to his teammates.

The forward had a break playing for Palmeiras and Corinthians and he was the first Brazilian player ever to play for an English team, the Newcastle. He caught everyone's attention after scoring, at the mythical Wembley stadium, a goal for the Brazilian national Team over England.

In 1991, he was hired by Fortaleza and became quickly loved by the public. He scored unforgettable goals in the State championship's decision match that year, the most important in the final against Ceará, which earned him the title of *Tricolor de Aço*. He also had spells on Portuguese and Japanese soccer.

Nearly 20 years later, he returned to the club as an assistant coach and then he was hired.

STAGE OF THE WORLD CUP

Castelão will undergo a makeover for the 2014 World Cup. Starting with the Public Capacity, that is going to be reduced, from 70 thousand to 40 thousand spectators.

The new stadium will allow the public to be closer to the game. Distance from those on the lower benches to the field will be 10 meters. Until then, this number reached 40 meters. Another important point of the project is the cover, which is going to shelter 100% of the fans.

It is expected that R$ 500 million are going to be invested in Castelão, which will have a parking lot sector to accommodate almost to thousand vehicles, restaurant and VIP area.

Also, the use of all the concrete from the demolished stadium is expected to be reused for the renovation works in Castelão, which will Grant the construction the "sustainable building" green seal. It is estimated that it will be recycled and used to pave the parking lot.

MORE ABOUT CASTELÃO

Name: Estádio Governador Plácido Castelo (Governador Plácido Castelo stadium) was opened with the biggest Ceará classic game. One of the guests to the big party was Lêonidas da Silva, one of the first soccer stars in the country. – **First Game:** Ceará 0x0 Fortaleza, in 11/11/1973 – **Player who scored the first goal:** Erandy Pereira, from Ceará, in a match against Vitória, in 11/18/1973 – **Brazilian National Team Games:** seven games, with six victories and one defeat

PELÉ

Manaus

A CELEBRATION OF THE BALL WITH NATURE

The green heart of the planet is also going to breathe soccer in 2014. Manaus, capital of Amazonas state, is the North Region representative in the World Cup.

The most densely populated city in the Amazon area, the "Mother of Gods" knows very well that the event is going to be a spectacular opportunity to showcase its call to ecotourism to the world. And maybe, to boost, at least locally, a Sport that is not as traditional and does not have as much results out of state borders.

Demolition of Vivaldão to build Arena da Amazônia (Amazon Arena) will give a big stage to local clubs. Maybe even too big for the size of the Amazonense championship. So much so that, after the World Cup, the stadium is estimated to be used only for big concerts and friendly games with the presence of some Brazilian soccer titans.

In spite of the label of touristic city, Manaus represents an important share of the Brazilian industrial production. The free Trade Zone, a Center that brings big companies together, makes the city have the sixth GDP in the country. It is the economic engine that drives the area!

For the World Cup, Manaus should receive an investment of over R\$ 3 billion, behind only São Paulo and Rio de Janeiro. Besides the stadium and the renovation of the airport, the main investment is going to be in urban mobility.

The Encontro das Águas Memorial, where Negro and Solimões rivers are joined, will serve as a stage for the Fifa *Fan Fest* in Manaus. A celebration of the ball and the nature in its purest state.

DO NOT MISS
AMAZON FOREST

Over seven million square kilometers extended over nine South American countries. The largest rainforest in the planet, its total biodiversity is as rich as it is unknown. It is estimated that 60% of the life forms in the planet are there, and half of it has not yet been discovered and filed by scientists.

The Amazon Forest is extended over three Brazilian areas (North, Mid West and North East) and nine Brazilian states (Amazonas, Pará, Roraima, Rondônia, Acre, Amapá, Maranhão, Tocantins and Mato Grosso).

A spectacular touristic spring, that attracts people from all over the world. Expeditions by foot or by boat, hotels in the middle of the jungle, astonishing view... But also a Constant concern with preservation. Human's criminal action makes the climate effects be felt around the globe. Stopping deforestation is one of the main challenges faced by this generation.

GENERAL INFORMATION
Area: 11.400 km² - **Population:** 1.802.525 inhab. - **Anniversary:** October 24th - **He who is born in Manaus is:** *manauara* - **Climate:** hot and humid equatorial, with abundant showers - **Temperature during the World Cup (June/2014):** 28°C (82.4 F) - **Airport:** Brigadeiro Eduardo Gomes

PARINTINS

The Parintins Folklore Festival is the most awaited cultural event in the state. It is carried out on the last days of June and, it is known popularly as the Ox Party.

The competition between entre *Caprichoso* (represented by a blue star) e *Garantido* (represented by a red heart) is carried out through big presentations, with floats and costumes inspired in local folklore, in Indigenous legends and amazon culture. Its current format started in 1964.

The fans, with a rivalry that comparable to fans of major soccer clubs in the country, are separated in the Bumbódromo (Bumbodrome), a place with capacity to hold 35,000 people. The show happens inside the arena, where each ox parades. On the bleachers, the fans choreography is a special show. As one shows their moves, the other watches, in silence, not to hinder their performance.

The trip from Manaus to Parintins is usually taken by boat. Faster motor boats can make the 420 km in eight hours. To other, slow ones, it can take them a day to reach the destination.

TEATRO AMAZONAS (AMAZONAS THEATER)

The tall building is one of Manaus's cultural landmarks. The theater was built in the end of the 19th Century, at a time the area's main economic product was rubber.

With a architectonic project that is rich in details, Teatro Amazonas makes, with the Mercado Municipal (Municipal Market) and the Alfândega (Customs Office), a trinity of precious buildings.

Some special features are dome in the colors of the Brazilian Flag and the decoration with masks in the internal columns in honor of iconic classical music and dramatic artists in Brazil.

MAIN CLUBS

1. Nacional Futebol Clube – **Mascots:** the Lion and the Eagle – **Colors:** blue and white – **Founded on:** 1/13/1913 – **Address:** Rua São Luiz, 230 – Adrianópolis/Manaus (AM) – **Main championships:** 40 state championships – **Official Website:** www.nacionalfc.com.br
2. Atlético **Rio Negro** Clube – **Mascot:** Rooster – **Colors:** Black and white – **Founded on:** 11/13/1913 – **Address:** Av. Epiminondas, 260 – Centro/Manaus (AM) – **Main championships:** 16 state championships – **Official Website:** www.rionegroclube.net

WHO HAS SHONE IN MANAUS?
ADERBAL LANA

The player from Uberlândia is currently an icon of amazonense soccer.

The coach has worked with the teams Fast, Nacional, Penarol, Rio Negro, São Raimundo and Princesa do Solimões, that is, more than 50% of the clubs that fight for the local championship.

A man who does not beat around the bush, he complains about the structure, the interference by team management in his work and the quality of the players. Still, he circulates around the main clubs in the state and collects titles in many of them.

STAGE OF THE WORLD CUP

Nothing more appropriate than naming The World Cup stadium 'Arena da Amazônia'(Amazon Arena).

Housing four games at the competition, the new sport equipment will replace the former Vivaldão (Vivaldo Lima) downtown. The old stadium, funded in 1970, had capacity to hold 43,000 people before it was demolished. For the World Cup, there will be 44,310 seats.

The project, with two floors, filled with boxes, was inspired on Soccer City, one of the main stadiums of the World Cup 2010, in South Africa.

A peculiar aspect about the other headquarters is that the World Cup Games will happen only in the late afternoon or early evening, thus respecting the local climate.

Even recycling demolition material from Vivaldão, Arena da Amazônia will cost approximately R$ 600 million.

MORE ABOUT ARENA DA AMAZÔNIA

Former Name: Vivaldo Lima – **First game:** Brazil National Team B 4x1 Seleção do Amazonas, 4/5/1970 – **Player who scored the first goal:** Dadá Maravilha, from the Brazilian National team – **Public Record:** 56,950 people, on the friendly Fast vs. Cosmos (EUA), in 3/9/80 – **Brazilian National Team Games:** six games, only one of them an official game, with five victories and one tie

Natal

SUN AND FOOTBALL ON THE FIELD: A TUNED DUO IN NATAL

Known as the "Sun City", Natal will become, for 30 days, the "Football City". And it is excited about this brief concession. The World Cup is seen as a great opportunity to boost local football, where the stars are ABC and America, lead characters of the "King Classic".

GENERAL INFORMATION
Area: 170,2 km² – **Population:** 810.780 inhab. – **Anniversary:** December 25th – **He who is Born in Natal is:** *natalense* – **Climate:** tropical humid, hot and rainy – **Temperature during the World Cup (June/2014):** between 22°C (71.6 F) e 30°C (86 F) – **Airport:** Internacional Augusto Severo (Augusto Severo International Airport)

This is going to be a change that will make its first mark in the field, since the old Machadão stadium was demolished and will make room for Arena das Dunas, which is being built and is already standing out in the role of "green stage" of the World Cup, thanks to its sustainable features.

But the changes promoted by the World Cup are not limited to football. Until 2014, the city is going to receive investments close to R$ 2 billion for the execution of important interventions, like implementing the Light Rail Vehicle (LRV) system, extension and renewal of important avenues, and building of a new airport in São Gonçalo do Amarante.

News that, added to the ever present sun, the paradise setting with beaches, dunes, natural pools, plateaus and sea cliffs, great cuisine and the peculiar local craft work, will make Natal an even better city. It is a must stop during the World Cup. Even if the Brazilian National Team does not have the privilege to play there.

DO NOT MISS
PIPA BEACH

Think of a place where you can enjoy the company of dolphins and sea turtles practically by your side. Or where you can marvel at the beauty of natural pools with warm, crystal clear water, sea cliffs still covered by the Atlantic Forest, dunes and precipices. Can you see that? So, go on because there is still more.

Think of a place that offers fun buggy rides, boat rides, kayak rides or horseback riding. Or one that has cozy, internationally acclaimed restaurants; a place with night activities for every taste. You just thought of Pipa Beach!

One of the "hottest" destinations in the country, Pipa is located in the municipality of Tibau do Sul, just 80 km far from Natal. In its name, a fun fact: the village that became this town was called Pipa (wine barrel) because from afar, one of its rock formations, Pedra do Moleque, resembles a wine barrel. Very appropriate name. Pipa's landscape and attractions could truly get any visitor innebriated.

BUGGY RIDE

When you are in Natal, pick one day – after trying it once, you are going to want a second helping – for an unforgettable, thrilling and fun buggy ride. It is there, with the Wind on your face, often cruising over dunes or by the sea, that you can unveil all the secrets of the potiguar capital.

There are many options, but a few must-sees: the unlikely dromedary camel ride, a drink from the waters of Genipabu Lagoon, the fun *esqui-bunda* and *aerobunda* (activities that involve dune sliding or descend using aerial cable, respectively), snorkeling in Maracajaú and the Punaú beach, that brings together dunes, coconut palm tree groves and where the meeting between river and the ocean make the funny "Coca-cola river". So many good things that the world says "encore".

If you are up for this kind of fun, Just remember: always pick a government-registered buggy ride – there are around 600 at the capital – and don't forget to bring a hat and sun lotion because the sun will be your escort for the whole ride.

CENTRO MUNICIPAL DE ARTESANATO – CITY CRAFT CENTER

Handicraft products, like embroidery, jewerly, hammocks, tapestry and leather or wooden objects are a trademark product in the entire North East area, but only a few cities offer such a special infrastructure as Natal does.

It is the city that holds, every year, Fiart (International Craft Fair - Feira Internacional de Artesanato), a type of mall specialized in crafts, with three floors and several exhibitors.

It is there that the visitor looking for souvenirs for relatives or friends back home can also find Natal-themed shirts as well as shirts with its natural beauties as theme.

It is such a vast space and the product options, so many, that makes it impossible to spend just a few minutes there. For that reason, if you get hungry, you can also enjoy the local delicacies, specially cashew nuts, tapioca and even seafood pastéis (a type of deep fried Brazilian pastries).

FORTE BEACH

Naturally, wherever path you take in Natal, leads you to Forte Beach, which has sheltered Fortaleza dos Reis Magos (roughly translated as Fortress of the Three Wise Men, in English), initial landmark in the city and one of its main tourist attractions. The place is a must-see during the World Cup: after all, the *Fan Fest* in Natal will be held here.

Na unmissable combination for the visitor who, while mangling with the other sports fans during the games, will be able to enjoy a rich cultural program and also the beauty of the place, protected by reefs that form natural pools of crystal clear water.

MAIN CLUBS

1. ABC FUTEBOL CLUBE - **Mascot:** Elephant - **Colors:** black and white - **Founded on:** 6/29/1915 - **Stadium:** Maria Lamas Farache (a.k.a. Frasqueirão), opened on 1/22/2006   – **Address:** Av. Deputado Antônio Florêncio de Queiroz, s/nº – Rota do Sol-Ponta Negra/Natal (RN) - **Main championships:** – 01 *Série C* of the Brazilian Championship (2010) – 52 state championships – **Official Website:** www.abcfc.com.br

2. AMÉRICA FUTEBOL CLUBE (America Football Club) - **Mascot:** Dragon - **Colors:** red and white - **Founded on:** 7/14/1915 - **Stadium:** none - **Address:** Av. Rodrigues Alves, 950 – Tirol/Natal (RN) - **Main championships:** 33 state championships – **Official Website:** www.americadenatal.com.br

WHO HAS SHONE IN NATAL?
MARINHO CHAGAS

With a strong kick, irreverent technique and offense play, at a time the other players's priority was covering, Marinho Chagas is a symbol of football in Natal.

Alongside former red-and-black player Dequinha, Marinho is among the only athletes in the state to have played at the World Cup. He was the first string left-wing player for the Brazilian National Team in 1974, in Germany.

When he started playing nationally, the "Northeast Cannon" was one of Botafogo's stars. But, before that, he had played brilliantly in his hometown. When he was only 18, playing at ABC, he was a Champion from Natal, in 1970.

Over the course of his carreer, he worked for 13 clubs, including spells in the United States and Germany, and also at América de Natal, at the final stages of his carreer, in 1985.

SOUZA

Short, skilled and playmaker, the "potiguar" player (from Natal) Souza had his name written in the history of América in two different moments in his carreer: first, in the early 1990's, as the promising star from the base categories that started to shine; later as the acknowledged great player that led the team to put the Dragon back in the elite of Brazilian football, in 2006.

In the meantime, Souza had a beautiful story in Brazilian football pitches, with an outstanding spell at Corinthians between 94 and 98, when the team made two state championships and the Copa do Brasil (95); and other at Atlético-PR, where he assisted the team in winning, for the first time, the Brazilian title, in 2001.

He also played for Brazilian football giants, like São Paulo, Flamengo and Atlético-MG, and, at his peak, he played briefly with the Brazilian National Team, between 95 and 96.

In 2009, a football veteran, he returned to America football club for a third and last time working for his beloved club. He was a favorite and in the arms of the fans, but ended up defeated by consecutive injuries in his ankle, and finished his carreer in 2011.

STAGE OF THE WORLD CUP

The place is still the same, but the potiguar fan that got used to following the main football matches on the state, in the traditional stadium João Cláudio de Vasconcelos Machado, a.k.a. Machadão, will have a new place to go cheer at, in 2014, as the complete Arena das Dunas is delivered.

Arena das Dunas is being built in the land where Machadão (Big Machado) and the poly Sport stadium Machadinho (Little Machado), demolished in October 2011, used to stand. The investment to carry out the project was R$ 400 million.

The new stadium will hold 42 thousand fans during the World Cup – 10,000 seats will be able to be removed, according to the needs of the post-World Cup events – and will host four matches, all of them valid in the first stage of the tournament.

On the project, sustainability is given a great deal of importance. Energy capturing for Arena das Dunas will be done by means of photovoltaic panels and there will be a water reuse system. The stadium is also going to offer restaurants, boxes and 1,729 parking lot spaces.

MORE ABOUT ARENA DAS DUNAS

Former name: Estádio João Cláudio de Vasconcelos Machado (a.k.a. Machadão) – **First Game:** ABC 1x0 América and Vasco da Gama 0x0 Olympic Brazilian Team, on 6/4/1972 – **Player who scored the first goal:** William, from ABC – **Public Record:** 53,320, at the game ABC 0x2 Santos, on 11/29/1972 – **Brazilian National Team Games:** one game and one victory

Porto Alegre

A CITY THAT
BREATHES FOOTBALL

Capital of Rio Grande do Sul, most
meridional state in Brazil, with borders
Argentina and Uruguay, Porto Alegre
unites two of the most important clubs
in Brazilian football and, moved by the
agressive competition between Grêmio
and Internacional, breathes football.

GENERAL INFORMATION
Area: 496.8 km² – **Population:** 1,420,000 inhab. – **Anniversary:** March
26th – **He who is born in Porto Alegre is:** *porto-alegrense* – **Climate:** humid
subtropical, with four well-defined seasons – **Temperature during the
World Cup (June/2014):** between 2°C (36 F) and 20 °C (68F) – **Airport:**
Internacional Salgado Filho (Salgado Filho International)

At work, at school, at bars or its beautiful parks, it is impossible to walk down the streets and be indifferent to the competition that divides Porto Alegre between the tricolor blue and the colorado red.

A healthy competition that, year after year, drives the growth of many times champions Grêmio and Internacional – together they collect national and international titles, like Mundial de Clubes, Libertadores, Brasileirão and Copa do Brasil (Brazil Cup) – and that now will also be responsible for driving Porto Alegre towards a new development cycle.

After all, if there is one common cause between tricolores and colorados, between Gaúchos in general, is the pride of the land. And this people will certainly do everything in their power to make Porto Alegre a great, victorious stage for the World Cup 2014.

If today the *gaúcho* people are already proud of their rich and developed capital, that has the highest Human Development Index (HDI) among Brazilian cities with more than a million inhabitants, the idea is to make the World Cup a landmark to strenghten new acomplishments for the city.

Until the World Cup, Porto Alegre is going to receive investments of around R$ 500 million only in urban mobility projects, to expand the size of avenues and implement exclusive aisles for collective transportation.

The idea is to ensure that implementation of new structuring projects makes it even more pleasant to visit a city that is full of contrasts, that unites the strength of its industrial estate to preservation of large green areas, like the Parks Redenção (Redemption) and Moinhos de Vento (a.k.a. "Parcão"), that help bring some "color" to a city with over a million trees.

The same contrast is seen between somewhat bucolic walks along the margin of Guaíba to enjoy a magnificent sunset; and the night movement of the bars located at Cidade Baixa, hot spot of Porto Alegre Bohemian life.

And that is exactly the same contrast that has always divided tricolores and colorados in their passion for football and that now urges them to unite in favor of an unforgettable World Cup to Porto Alegre and the entire *gaúcho* population.

DO NOT MISS
TOURISM LINE
Mercado Público (Public market), Usina do Gasômetro (Gas Plant), Praça da Matriz (Marechal Deodoro Square), Santuário Mãe de Deus (Mother of God Sanctuary). A four-meter high double decker colorful bus offers the visitor the chance to get to know some of the main attractions in the state capital on an enjoyable ride aboard Tourism line.

Tourism line is operating since 2003 and, from Tuesday through Sunday carries out four daily trips in two different itineraries – Traditional and Zona Sul – monitored by specialized touristic guides that can service in English and Spanish.

On the traditional itinerary, the visitor gets to see the Porto Alegre's Historical Center and passes by city landmarks, like the Public Market, Praça da Matriz, Usina do Gasômetro and Mauá Docks. In the Zona Sul itinerary, however, the hot spots are Ipanema Beach sidewalk and Santuário Mãe de Deus.

SERRA GAÚCHA
How about playing in the snow and enjoying sub-zero temperatures in a Country known for the scorching sun and for the beauty of its beaches? In June and July, the Serra Gaúcha, only 120 km far from Porto Alegre, can reserve you these pleasant surprises.

Besides the unusual cold weather, the area offers beautiful natural landscapes to the visitor – the Parque do Caracol trip, in Canela, is a must – and the sophistication of municipalities like Gramado, Bento Gonçalves, Caxias do Sul and Nova Petrópolis, that preserve European culture and cuisine from the immigrants, very strong in local culture.

The traditions of the Italian and German settlements are present throughout Serra Gaucha and offer the tourist delicious breads, cheeses, salamis, chocolates and wines produced locally.

The trip options please every taste and include visits to local vineyards and wineries, theme parks and natural parks, restaurants that serve delicious food and typical colony parties.

CHURRASCO (BRAZILIAN-STYLE BARBECUE)
Tasting the delicious variety of beef cuts, scents and textures in *churrasco* is very important for every tourist visiting Brazil. In the specific case of Porto Alegre, visiting the capital of Rio Grande and not tasting the true *Churrasco gaúcho* is just... a profanity.

In Porto Alegre, the tourist faces delicious options of *churrascarias* in any point of town and it is impossible to resist the many temptations: from the traditional cuts, like *picanha* and filet mignon, to the cuts from Buenos Aires, like matambre, or exotic ones, like warthog, lamb, mutton and ostrich.

There is a big variety, but the main attraction and one of the symbols of authentic *gaucho churrasco* is the "fogo de chão" (open fire) rib, a technique that dates from the 17th Century and consists of meat spits nailed in the earth and grilled for a long time, that ranges from six to 12 hours, by the surrounding flames.

Is your mouth watering yet? If so, be prepared. After all, there are many delicious options that allow you to surrender to one of the main symbols of *gaúcho* cuisine.

LARGO GLÊNIO PERES
Since 1992, Largo Glênio Peres has been the stage of big political rallies, concerts and cultural displays in Porto Alegre and, during the World Cup, will be the meeting point for the local passion for football.

Located downtown, across the street from Mercado Público, Largo Glênio Peres is going to stage the Porto Alegre *Fan Fest*, hosting concerts and showing all the World Cup matches in town, in a stage prepared to host 26,000 people.

MAIN CLUBS
1. GRÊMIO FOOT-BALL PORTO ALEGRENSE – **Mascot:** *Mosqueteiro* (Musketeer) – **Colors:** blue, black and white – **Founded on:** 9/15/1903 – **Stadium:** Olímpico Monumental, opened on 09/19/1954 – **Address:** Largo Patrono Fernando Kroeff, 1 –Azenha/Porto Alegre (RS) – **Main championships:** 1 Interclubes World Championship (1983) – 2

Libertadores (1983 and 1995) – 1 South American Recopa (1996) – 2 Brazilian Championships (1981 and 1996) – 4 Brasil Cup (1989, 1993, 1997 e 2001) – 36 state championships – **Official Website:** www.gremio.com.br

2. SPORT CLUB INTERNACIONAL – **Mascot:** Saci – **Colors:** red and white – **Founded on:** 04/4/1909 – **Stadium:** José Pinheiro Borda (nicknamed Beira-Rio), opened on 04/06/1969 – **Address:** Av. Padre Cacique, 891 – Praia de Belas/Porto Alegre (RS) – **Main Titles:** 1 Fifa World Club Cup (2006) – 2 Libertadores (2006 and 2010) – 2 South American Recopas (2007 and 2011) – 1 South American Cup (2008) – 3 Brazilian Championships (1975, 1976 and 1979) – 1 Brazil Cup (1992) – 41 state championships – **Official Website:** www.internacional.com.br

WHO HAS SHONE IN PORTO ALEGRE?
FALCÃO

With a modern and elegant football full of technique, that combined strong covering and precise passing, as well as an offensive talent for a mid fielder, Paulo Roberto Falcão was the great symbol of the third championship for Internacional in the second half of the 70's.

His football talent with the red shirt soon would take him to the Brazilian National team and, like in Inter, he was also remarkable in his time with the yellow shirt. He played in two World Cups (1982 and 1986) and was one of the protagonists of the mythical squad that moved the world in the World Cup in Spain.

A star at Internacional, a reference in the Brazilian Team, Falcão also led a brilliant football carreer in Europe and was nicknamed "King of Rome" for the great performance in the italian club.

When he retired as a player, he had a short experience coaching, and coached the Brazilian National team, between 1990 and 91. Later on, he built a solid carreer as a sports commentator until he resumed his coach career, in 2011.

RENATO GAÚCHO

In 1983, Grêmio conquered the world by winning over Hamburg, Germany, by 2 to 1, with an impeccable action and two goals from he, who would one day become one of the great heroes of the history of the team, Renato Gaúcho.

Irreverent in the field and outside, Renato built his trajectory based on skills, irreverence, baffling dribbles, goals and polemic behavior, especially towards the coaches that tried to control his difficult temper. Besides the World Cup, he led the Tricolor to win the gaucho championship for the second time in 85 and 86.

After playing brilliantly with the tricolor shirt, Renato left to play in Rio de Janeiro in 86 and collected brilliant performances with the Flamengo, Botafogo and Fluminense uniforms. In the Brazilian National Team, he could never repeat the success he had in the clubs and, in 1990, he played in the World Cup in Italy.

He retired in 1998 and became a coach. In the period 2010-2011, he directed Grêmio and resumed his story of love and adoration with the tricolor fans.

STAGE OF THE WORLD CUP

The Beira-Rio stadium will stage the World Cup in Porto Alegre and will hold five games (four in the first round e and one in the round-of eight), in the time between June 15 and 30, 2014.

In order to hold the matches, the stadium, which was opened in the end of the 1960's, is undergoing improvement and will receive investments of R$ 330 million.

The Beira-Rio renovation project anticipates the implementation of a metallic structure to cover its 51,300 seats, retractable seating, new elevators, ramps and stair towers, that will increase the comfort offered to the fans.

The "new Beira-Rio" will also have its grass replaced and will have new electrical and hydraulic systems, as well as one circulation ring that will surround the entire stadium, restaurant area with 1,000 m² and 44 stores for commercial purposes.

The project also anticipates a space with five thousand VIP seats, expansion of the box sector for 70 units and construction of a garage building, with three thousand parking spaces, that will be added to the four thousand currently available spaces.

Construction should be finished by December 2013.

MORE ABOUT BEIRA-RIO

Official Name: Estádio José Pinheiro Borda (built in the margins of Guaíba and made popular as the "Beira-Rio Giant") – **First game:** Internacional 2x1 Benfica (POR), on 04/06/1969 – **Player who scored the first goal:** Claudiomiro, former striker for Internacional – **Public record:** 106,554, in the game Brasil 3x3 Seleção Gaúcha, on 06/17/1972 – **Brazilian National Team Games:** ten games, with seven victories, two ties and one defeat

Recife

WHERE FOOTBALL IS A FOLLY

It has become a cliché: "No people are more passionate about football in Brazil than people from Pernambuco!" This is not an overstatement. A quick analysis of the public averages on the games by Náutico, Santa Cruz and Sport to be sure that football – and attendance at stadiums – is part of the culture of people from Pernambuco, particularly in Recife.

GENERAL INFORMATION
Area: 217.4 km² – **Population:** 1,536,000 inhab. – **Anniversary:** March 12th – **He, who is born in Recife is:** *recifense* – **Climate:** tropical, with high relative humidity of air – **Temperature during the World Cup (June/2014):** Between 21°C (69 F) and 29 °C (84.2 F) – **Airport:** Internacional Guararapes (official name: Gilberto Freyre)

Regardless of what condition the stadiums are, the technical quality of the matches the club division: whether it rains or shines, the football fan will find the house full and celebrate in the matches played at Aflitos, Mundão do Arruda or Ilha do Retiro (Retiro Island).

It is this passion for football that the visitor will be able to see from up close in Recife during the World Cup. But this is not all. Far from it! After all, people from Recife are in love with football in general, and the local climate and landscape are invisint to the practice of sports: from paddle to swimming, to sports on the water at the Boa Viagem Beach to the unlikely ice hockey.

The same nature that contributes to the practice of sports is also an invitation to tourism. One of the oldest capitals in the country, Recife was founded in 1537, and its name comes from the word 'arrecife'(reef) – rocky barrier that extends along the coast, forming beautiful natural pools.

Architecture is another attraction of a city that, a century after being founded, was strongly influenced by Duch immigration, with evidences still present in the streets in town.

And, like football, there is another element that is inseparable from Pernambuco, striking in Recife: its strong and diverse local culture, where traditional music like *frevo* and *forró* stand out, as well as more recent, trendy movements among the youth, like Mangue Beat, that mashes up pop and local music.

DO NOT MISS
GALO DA MADRUGADA

"Ei, pessoal, vem moçada! Carnaval começa no Galo da Madrugada!". Once the first notes and the traditional refrain start to play, celebration takes the streets of Recife with Galo da Madrugada, biggest carnivalesque group of dancers in the planet, that each year brings two million revellers to the capital of Pernambuco.

Created in 1978, the group was started in the neighborhood of São José, which had only 75 people willing to bring back the tradition of local street carnaval. The modest goal would soon be reached and

Galo, would become, in the early 1980's, a phenomenon that lures people from all over the world to Recife.

You cannot miss this! And don't worry if, when you go to Recife Carnaval is still far away. Every week, Galo offers a special option for the reveller who wishes to join an exciting 'arrasta-pé'.

OLINDA

Declared by Unesco a Historic and Cultural Heritage of Humanity, Olinda is only 6 km from Downtown Recife and, founded in 1535, preserves the rich history of the colonial period in the country.

Buildings like São Francisco Monastery and the churches Nossa Senhora do Amparo and Nossa Senhora de Guadalupe, all built in the first half of the 17th century, not to mention Olinda Lighthouse, can take any tourist's breath away.

But the attractions of Olinda historical site are not limited to architecture. The visitor can check out the traditional giant dolls that stand out in the crowd, dancing to local music, like frevo and maracatu, and Marvel at the wonderful restaurants by the sea, where fish and sea food are specialties.

PORTO DE GALINHAS

Natural pools of warm, crystal clear water, white sand beaches and gorgeous landscapes. If heaven does exist, it is not a statement to say that one franchise is located at Porto de Galinhas, located only 60 km far from Recife.

And this is not all. One of the main touristic points of the Brazilian North East area, Porto de Galinhas was 'discovered' not long ago, but its hotel management infrastructure, as well as a gastronomy that mixes seafood, fish, pasta and typical dishes from its delicious local cuisine are also impressive.

ZERO MILESTONE

The visitor that goes to Recife and does not go to Zero Milestone cannot say that truly has been to the city. That is where the city was born and it is in this post-card worthy place that the *Fan Fest* will be carried out in the capital of Pernambuco.

Located downtown, Zero Milestone, also known as Rio Branco Square, stages the main attractions of Carnaval in Recife and other concerts in town. Besides, it calls out attention to the richness and architectonic beauty of its surroundings, with a series of preserved historic buildings.

MAIN CLUBS

1. CLUBE NÁUTICO CAPIBARIBE - **Mascot:** Timbu (White-eared Opossum) - **Colors:** red and white - **Founded on:** 4/7/1901 - **Stadium:** Eládio de Barros Carvalho (Aflitos), opened on 6/25/1939 - **Address:** Av. Conselheiro Rosa e Silva, 1.030 - Aflitos/Recife (PE) - **Main championships:** 21 state championships - **Official Website:** www.nautico-pe.com.br

2. SANTA CRUZ FUTEBOL CLUBE (Santa Cruz Football Club) - **Mascot:** Coral Snake - **Colors:** red, black and white - **Founded on:** 2/3/1914 - **Stadium:** José do Rego Maciel (Arruda), opened on 7/4/1972 - **Address:** Av. Beberibe, 1.285 - Arruda/Recife (PE) - **Main championships:** 26 state championships - **Official Website:** www.santacruzfc-pe.com.br

3. SPORT CLUB DO RECIFE - **Mascot:** Lion - **Colors:** red and black - **Founded on:** 05/13/1905 - **Stadium:** Adelmar Costa Carvalho (Ilha do Retiro), opened on 7/4/1934 - **Address:** Av. Sport Club do Recife, s/nº – Madalena/Recife (PE) - **Main championships:** 1 Brazilian Championship (1987) – 1 Brasil Cup (2008) – 39 state championships - **Site oficial:** www.sportrecife.com.br

WHO HAS SHONE IN RECIFE?
ADEMIR DE MENEZES

Ademir de Menezes started wearing the red and black uniform when he was 16, and before even turning 20, he had moved on to carioca football. But his relatively short passage by Ilha do Retiro did not keep this Pernambuco player from making a place in the gallery of great Sport football stars.

A versatile player, skilled in charges dominating the Ball and a huge sense for the goal, "Queixada" scored 22 goals with Sport and took part in winning the state championship for the second time, in 1941 and 1942, before moving on to Vasco da Gama and becoming known in the famous "Victory Express".

At the former capital of the country, he would score goals nonstop and, for the next 15 years, become known as one of the greatest strikers of Brazilian football. There were 533 goals until 1957, when he returned to Sport to finish his carreer, figures that place him on the countries' top ten strikers.

On the Brazil National Team, Ademir also made history. He was the striker of the first World Cup played in Brazil, in 1950, with nine goals. To this day, he is the greatest striker of the Brazilian team in one World Cup. He died in Rio de Janeiro, at 73 years old, in 1996.

JORGE MENDONÇA

He still has the best score in the history of Paulistão, with 38 goals in the 1981 championship, behind only Pelé and the amazing 58 goals scored in the 1958. This feat, alone, would have guaranteed an honorable mention to the history of mid-forward Jorge Mendonça in football.

But, even before leaving his mark in the Paulistão, Jorge Mendonça had a beautiful history in football, that included the World Cup 1978, in Argentina, and a privileged position in the heart of the red-and-white fans, which marveled at his opportunism and skill in leaving his teammates in front of the goal to score against the opponent team.

After breaking out to football in the club from Rio de Janeiro, Bangu, Jorge Mendonça arrived at Náutico in 1973 and, soon on the following year, he helped Timbu make the State championship. In three seasons, he scored 95 goals, making him one of the greatest strikers in the history of the club. He died in Campinas, at 51, in 2006.

NUNES

Gumption, opportunism, cold blood to conquer the goalies of the opponent team to win over the adversary goalies. Nunes was one of the main strikers of Brazilian football, in the 70's and 80's and is among the top 40 strikers in the country, with 364 goals in 15 years.

After a brief spell at Confiança, Sergipe, he "boomed" at Santa Cruz. Throughout the three seasons in which he wore the tricolor shirt number 9, "João Danado" scored 86 goals and was a state Champion for the second time (1976 and 78).

His success in Arruda would take him to the Brazilian National Team. Still with the tricolor shirt, Nunes had his first big break in 1978 and 11 prep friendly matches for the Cup in Argentina, with seven goals.

In spite of the good performance, Nunes did not make it to the World Cup, but he had the attention from everyone in the country and he moved on to football in Rio. He landed in Fluminense, in 1978, he had a short spell in Mexican football before moving on to Flamengo, where he would peak, being fundamental in one Club World Cup, one Copa Libertadores and three Brazilian Championships.

STAGE OF THE WORLD CUP

The Pernambuco stage in Brazil World Cup will be Arena Pernambuco, which is being built in São Lourenço da Mata, in the border with Recife and by the Capibaribe river. The Arena, which is going to be Náutico's new house right after the World Cup, is going to host five matches: four in the first round and one in the round of eight.

The budget for Arena Pernambuco project is R$ 500 million and the new stadium will have capacity to hold 46,000 people – all seats will be covered and there will be no wire fence or a ditch to separate the fans from the field.

Concern about the fan's comfort is one of the project's extra features. The arena will offer restaurants, a shopping mall with food court and movie theaters, museum, theater and a conference center, besides 4,700 parking spaces.

Another distinguishing feature of the project is encouragement to the occupation of a new axis for development of Recife. The Arena is being built in the complex that is going to house a new, entirely planned neighborhood, just 19 km from the city's Marco Zero and the airport.

Rio de Janeiro

FABULOUS CITY, FOOTBALL CITY

An astonishing visual celebration. This is Rio de Janeiro of the famous beaches, Christ the Redeemer, the Sugarloaf Mountain, Lagoa Rodrigo de Freitas, Lapa's bohemian nights, the constant expansion of Barra da Tijuca... Not only touristic attractions, but trademarks of a city that has its own style, a unique DNA, which charms dwellers and tourists, and recently has received from Unesco the title of World Heritage. It is no surprise that the title of Wonderful City fits like a glove.

GENERAL INFORMATION
Area: 1,182.296 km² – **Population:** 6,093,472 inhab. – **Anniversary:** 3/1/1565 – **He who is born in Rio de Janeiro is:** *carioca* – **Climate:** tropical and altitude tropical – **Temperature during the World Cup (June/2014):** 27°C – **Airports:** Internacional Antonio Carlos Jobim, aka Galeão; and Santos Dumont

Capital of Brazil until Brasília was founded in 1960, Rio de Janeiro will be the capital of the world on July 13, 2014, date of the much awaited final match of the World Cup. They couldn't have picked a better place to hold such a football show than the renewed Maracanã, temple of world football. A giant building, that has received up to 200,000 subjects in just one game, but is tiny to comprise all the people who have spent memorable afternoons and nights cheering for their beloved team. A true temple of devotion for those who just can't take their eyes off a ball for 90 minutes.

In the land of the most famous Carnaval in the world, over six million people parade around every day. Other thousands of people will be in Rio in 2014, reinforcing the status of main touristic destination in the Planet's southern Hemisphere – an appetizer for another big event that the Wonderful City is going to host in 2016: the Olympic games.

Certainly, the two greatest sports competitions in the world will make its hot climate, another characteristic of the city, even hotter once the ball hits the turf.

DO NOT MISS
CHRIST THE REDEEMER
One of the new 7 wonders of the world, on election carried out in 2007, Christ the Redeemer has blessed Rio de Janeiro since October 12, 1931.

Located at the Corcovado mountain, the Christ started to come true tem years before that date, when we were thinking about celebrating the 100th anniversary of the Brazilian independence.

The 38 meter-high giant, registered by the National Historic and Artistic Heritage Institute, became a touristic attraction over the years, with the construction of elevators and escalators. It has also got a special lighting in celebration days.

It has inspired musicians like Tom Jobim, Chico Buarque, Gilberto Gil, Caetano Veloso, Cazuza, among others, who praised in their songs the beauty of a monument that has become a synonym of Rio de Janeiro.

THE SUGARLOAF

If riding the cable car and seeing the beauty of the Wonderful City from up high is a privilege, getting to know about its past, is like diving headfirst in a very peculiar time in history.

The Sugarloaf has a very special symbolic meaning. In 1565, the city of São Sebastião do Rio de Janeiro, by Estácio de Sá was founded at the foot of the Hill. Located at a strategic point of Guanabara Bay, it became an observation post for defense against invading vessels. For the navigators, seeing it was the guarantee that they had found paradise in the Atlantic ocean.

The cable car's grand opening was in 1912. Sixty years later, the cable was duplicated, making the two cars go to the top of the mountain. Nowadays the touristic complex has stores, restaurants, amphitheaters... People who have been there find it hard to forget it.

COPACABANA BEACH

Copacabana, "princess of the ocean". The petname is the address of one of the most famous beaches in the planet, chosen to hold the *Fan Fest* in the capital of Rio de Janeiro state.

A meeting point for people of all ages, clicks and nationalities. Stage of a yearly New Year's party for over two million people, sporting events and concerts by renowned musicians and bands from all over the world. A neighbourhood with a large concentration of luxury hotels by the sea, restaurants, kiosks and all the infrastructure necessary to hold more and more tourists. Home of former presidents and many remarkable national artists.

Even on the Portuguese mosaic sidewalks, with the famous wave pattern, Copacabana is unique.

MAIN CLUBS

1. BOTAFOGO DE FUTEBOL E REGATAS (Football and Sail Club) – **Mascot:** Manequinho – **Colors:** black and white – **Founded on:** 8/12/1904 – **Address:** Av. Venceslau Brás, 72 – Botafogo, Rio de Janeiro (RJ) – **Main championships:** 2 Brazilian Championships (1968 and 1995) – 1 Conmebol Cup (1993) – 19 state championships – **Official Website:** www.botafogo.com.br

2. CLUB DE REGATAS VASCO DA GAMA - **Mascot:** Almirante - **Colors:** black and white – **Founded on:** 8/21/1898 – **Address:** Rua General Almério de Moura, 131 – São Cristóvão/Rio de Janeiro (RJ) – **Main championships:** 1 Libertadores (1998) – 4 Brazilian Championships (1974, 1989, 1997 and 2000) – 1 Brasil Cup (2011) – 1 Mercosul Cup (2000) – 22 state championships – **Official Website:** www.vasco.com.br

3. CLUBE DE REGATAS DO FLAMENGO - **Mascot:** Vulture - **Colors:** red and black – **Founded on:** 11/17/1895 – **Address:** Av. Borges de Medeiros, 997 – Gávea/Rio de Janeiro (RJ) – **Main championships:** 1 Interclubes World Cup (1981) – 1 Libertadores da América (1981) – 6 Brazilian Championships (1980, 1982, 1983, 1987, 1992 and 2009) – 2 Brazil Cup (1990 and 2006) – 1 Mercosul Cup (1999) – 32 state championships – **Official Website:** www.flamengo.com.br

4. FLUMINENSE FOOTBALL CLUB - **Mascot:** Cartola - **Colors:** green, white and grenadine red – **Founded on:** 6/21/1902 – **Address:** Rua Álvaro Chaves, 41 – Laranjeiras/ Rio de Janeiro (RJ) – **Main championships:** 3 Brazilian Championships (1970, 1984 and 2010) – 1 Brazil Cup (2007) – 1 Rio Internacional Cup (1952) – 31 state championships – **Official Website:** www.fluminense.com.br

WHO HAS SHONE IN RIO?
GARRINCHA

"To dribble away with such Grace and naturality. There is a mistery of Garrincha's that only God can explain." Armando Nogueira appropriately summarized, in this sentence, the most striking feature of the boy who was born in Pau Grande (RJ) on October 18, 1933, that would grow to conquer the world.

No one in the history of world football was as vicious with the blockers as Manuel dos Santos, aka Garrincha. The "Crooked Legged Angel" made each of his blockers look like "losers". In 1998, he was voted by FIFA, the highest authority in world football, for the all-time football greats team.

In Botafogo, he started playing in 1953. During a training session, Garrincha dribbled a ball between Nilton Santos' legs. After that, the gutsy stricker was hired on a personal request by Santos, another football genius himself, after being rejected by Vasco and São Cristóvão.

After 612 matches with Botafogo, he scored 243 goals. He won state championships, issues of Rio-São Paulo and, specially, the world. With the Brazilian National Team, he won the World Cups of 1958 and 1962 and performed the amazing feat of having lost only one game among the 61 he played for the team. Sadly he was defeated by the most cruel defense player he ever faced in his life: alcohol. Garrincha died in 1983, due to cirrhosis of the liver.

ZICO

In football, the nickname Zico became a synonym of talent. For Flamengo, in particular, Arthur Antunes Coimbra is the greatest genius that ever appeared on planet ball. Born in the capital of Rio de Janeiro state, on March 3, 1953, the most fantastic owner of shirt 10 Flamengo had took part in the main victories of the club with the highest number of supporters in the country: Libertadores and the 1981 Mundial. He was part of a talented generation that won four editions of Brazilian Championship.

His scrawny body and his neighborhood of origin earned him another nickname: "Galinho de Quintino" (Little rooster from Quintino, in English). He played in 731 matches and scored 509 goals between 1967 and 1989. During this time, he interrupted briefly his stay in Italy's Udinese, from 83 to 85. On the Brazilian National Team, we played in three World Cups: 78, 82 e 86. He scored 66 goals in 89 matches.

After quitting his carreer as a player, following a stay at Kashima Antlers, in Japan, Zico became a coach, working for Japan's and Iraq's National teams, and the Turkish club Fenerbahce. His name is always speculated to coach or to direct Flamengo. In 2010, he was a president of the club for a short time, but he soon had trouble with other political wings and he left, with the promisse of not going back anytime soon.

CASTILHO

Being treated like a saint is a feat for a few in tricolor football. Castilho is one of those. The goalie, called "Saint Castilho" by the fans, was a Fluminense icon between the late 1940's and mid 1960's. He played in 696 matches on the club, in 255 of them, he never missed a ball.

The idolizing feeling grew bigger after Castilho broke his little finger of the left hand and needed to stay away from football for two months. In order to return to the team quicker, he authorized the doctors to amputate part of his finger. During his stay at Laranjeiras, he won three state titles, two Rio-São Paulo and the Rio Cup, a type of Club World Cup, in 1952. With the Brazilian National Team, he was in the World Cup of 1950, 1954, 1958 e 1962, being a first-string in the second. In 2007, 20 years after his death, Castilho was remembered with a bust in the club headquarters. And from there he can be idolized everyday.

ROBERTO DINAMITE

From greatest striker and idol at Vasco to club president. That's how Roberto Dinamite's carreer could be summarized in a nutshell. His carreer at the Vasco da Gama – like the supporters of the Club – started in 1969, right after being discovered in Duque de Caxias by a club scout.

When he was only 17 years old, he went pro. From then on, his carreer took off. Figures at Vasco are impressive: 1.110 games and

708 goals. Identification with the club kept Dinamite from playing at Flamengo, its major rival. After being sold to Barcelona, Spain, in 79, he did not have many opportunities and decided to return to Brazil. Flamengo was interested, but pressure of his fans made him return to Vasco. He finished his football carreer in 1993 and then he joined politics. He became member of the town council and state lawmaker.

After being thrown out of the VIP stand in São Januário, during a game, by the former president of the club, Eurico Miranda, Dinamite decided to join the club politics for good. He tried for seven years, until he was voted president in 2008. He was in two World Cups with the Brazilian Team.

STAGE OF THE WORLD CUP

The 16th could be sanctioned a World Holiday for football fans. In 1950, Maracanã was opened. Didi, made immortal in football history for having invented the 'folha seca'(dry leaf) – a deadly kick that would make the ball take an unpredictable trajectory for the goalie, smilar to the trajectory of a falling HYPERLINK "http://pt.wikipedia.org/wiki/Folha_(botânica)"leaf – scored the first goal in the stadium.

As a main headquarters for the World Cup of 50, 'Maraca' cried when Brazil was defeated by Uruguay. *Maracanazo* is a wound that can finally be healed in 2014.

It was on the "World's Greatest", as it was called affectionally, that Pelé wrote one of the main chapters in football history. On November 19, 1969, he, who had started playing with the Brazilian National Team on the stadium 12 years prior, scored the thousandth goal of his carreer. Andrada, a Vasco goalie, punched the ground hard for not being able to stop the endeavor.

But Maraca is not only the home of *cariocas* and the Brazilian National team. Corinthians has had, in its history, the stadium as the stage for two thrilling duels. In 1976, on the Brasileirão semi-final match versus Fluminense, a caravan of 70 Corinthians fans went from São Paulo to see the team play, and it was classified for the final match. In 2000, at the FIFA Club World Cup, the fans went wild after the Vasco player Edmundo missed a penalty, making Corinthians world champion.

But Maracanã is not just about football. Musical concerts with Frank Sinatra, Madonna, Rolling Stones, Paul McCartney, among others, were eternalized there.

However, Maracanã has changed and lost part of its traditional characteristics, like its cover, that has been removed and replaced, something that was not in the first project.

Maracanã underwent its first renovation before the Pan American Games in 2007. For the World Cup, it will undergo its most radical change yet, budgeted in over R$ 850 million and started in August, 2010. But not enough deprive the stadium from the title of main temple of world football.

MORE ABOUT MARACANÃ

Official name: Estádio Jornalista Mário Filho (opened in 1966, by suggestion of the governor at the time, Marechal Paulo Francisco Torres, who decided to pay homage to Nelson Rodrigues' brother and known sports journalist. The nickname 'Maracanã', in tupi-guarani language means 'green bird') – **First Game:** Seleção Carioca 1 x 3 Seleção Paulista, on 6/16/1950 – **Player who scored the first goal:** Didi, from Seleção Carioca – **Public Record:** 183,341 people, in the game Brazil 1 x 0 Paraguay, on 8/31/1969

Salvador

LOTS OF AXÉ

"Welcome to Salvador, Brasil's heart". The chorus from one of the most famous Carnaval hits from Bahia could very well be a slogan for the millions of visitors that the first capital of Brazil receives every year.

GENERAL INFORMATION
Area: 706,799 km² - **Population:** 3,840,000 inhab. – **Anniversary:** March 29th - **He who is born in Salvador is:** *soteropolitano* - **Climate:** tropical, with more rain concentration during the winter and the dry summer – **Temperature during the World Cup (June/2014):** 28°C (82.4 F) - **Airport:** Deputado Luís Eduardo Magalhães

A land that has history, culture, religion and football under its skin. Salvador is home of Bahia and Vitória, rivals divided in their passion for football, but unite behind *trios elétricos* without any shame during Carnaval. In this case, it doesn't matter so much, if the ticket shirt is red and black or blue, red and white. It is not about football anymore– it is axé all around!

In 2014, the warm people from Salvador will get to watch five matches at Arena Fonte Nova. If they are not seated on one of the chairs in the new stadium, they can be in the historical and cozy Pelourinho, at Jardim de Alah, a place that will hold the Fifa *Fan Fest*, or any beach of one of the most beautiful coasts in the planet.

Capital with the highest population in the Nordeste, Salvador can tell the story of most of the 500 years of Brazil when preserving the Historic Center, with its manor houses, churches and museums, some over 400 years old.

DO NOT MISS
FAROL DA BARRA (LIGHTHOUSE)
When Amerigo Vespucci sighted the *Baía de Todos os Santos* (All Saints' Bay), in 1501, a landmark was put by the Portuguese Crown to make official that they owned the place. Over there, to this day, lie the Fort and Farol da Barra lighthouse, built decades later.

Historic monuments have become a city's post card – they are synonyms of Salvador. At Farol there is also the Museu Náutico, that keeps relics from sunken ships in the area.

Today, the fight is no longer colonialist, there are no enemies trying to take over lands from Bahia. But dwellers and tourists fight for a privileged spot by the sea to watch the beautiful sunset, for a date or to surf. During the evening, restaurants, bars and music venues take over, in one of the busiest points in town.

LACERDA ELEVATOR
In 1869, construction started in Salvador of an elevator to connect *Cidade Alta* (Upper city) and *Cidade Baixa* (Lower City). Four years

later, the project by engineer Antônio de Lacerda was opened, naming, years later, another post card of the city after is creator.

It is 72 meters high, with two towers and a privileged view of Baía de Todos os Santos. One of the towers comes out of the rock and across Ladeira da Montanha. The other, however, more visible, goes down to Cidade Baixa.

At the beginning of the last century, the elevator ceased to be hydraulic, being run by electric energy. The cabin loading capacity was increased as well. In the 1950's, it became a city's local heritage, being renewed and maintained, to support tourist demand.

SEASIDE

Leave Salvador and take a boat to Itaparica island. Nearby, heading south, go to Valença, Morro de São Paulo and Boipeba. Keep going and pass by Itacaré, Ilhéus and Porto Seguro. If you are not satisfied, Costa do Sauípe and Trancoso may be your destination.

You have many options. Popular beaches, with tourism structure. Others are far away from civilization, without electric power, even. Accomodations go from simple inns, by the sea, or sophisticated resorts.

PELOURINHO (HISTORIC CENTER)

The historic importance of Pelourinho starts by its name, which means: a rock pillar, in the middle of a square, where slaves used to be punished and exposed. With the Lei Áurea (Golden Law) and the end of slavery, Pelourinho started to mean culture in Salvador.

The place brings artists of all sorts. When walking down the streets and alleys, you can hear an unknown Singer on a street, see an art exhibit on the other street and then run into the rehearsal by popular band Timbalada.

It is a Heritage of Humanity, according to Unesco.

MAIN CLUBS

1. ESPORTE CLUBE BAHIA - **Mascot:** Superman – **Colors:** blue, White and Red – **Founded on:** 1/1/1931 – **Address:** Rua Jardim Metrópole, sem número – Itinga/ Salvador (BA) - **Main championships:** 2 Brazilian Championships (1959 and 1988) – 44 state championships – **Official Website:** www.esporteclubebahia.com.br

2. ESPORTE CLUBE VITÓRIA - **Mascot:** Lion – **Colors:** red and black – **Founded on:** 5/13/1899 – **Address:** Rua Artêmio Castro Valente, 1 – Nossa Senhora da Vitória/Salvador (BA) – **Main championships:** 26 state championships – **Official Website:** www.ecvitoria.com.br

WHO HAS SHONE IN SALVADOR?

BOBÔ

In 1988, Bahia won the Brazilian Championship, a title that is celebrated to this day for its fanatic supporters. And the team owes the victory partly to Raimundo Nonato Tavares da Silva, aka, Bobô, discovered by Catuense.

Born in Senhor do Bonfim, Bahia, the midfield, who was a striker too, led a team that surprised Brasil, under Evaristo de Macedo. At the final match against Internacional, the team won by 2 to 1, at Fonte Nova. On the way back, the goalless stalemate at Beira-Rio guaranteed a folly before Carnaval in part of the state.

After the title at Bahia, Bobô transferred to São Paulo, staying in Flamengo, Fluminense and Corinthians. At the end of his carreer, he returned to the club that took his name to national football. At 81 goals, he is among the 20 greatest strikers of Bahia.

After finishing his carreer, he coached Bahia between 2002 and 2003. After that, he entered politics.

MÁRIO SÉRGIO

His strong temper was a Mário Sérgio Pontes de Paiva's distinguishing feature as a player. A very skilled player, his carreer is remembered by some brilliant moves, and some polemic ones too, like, for instance, pulling out a gun and fired a warning shot, when the bus taking the São Paulo team was surrounded by unhappy fans with the performance by the tricolor team.

After starting at Flamengo, he went to Vitória. And the substitution of one red and black player for another made him known country wide. In three years in the lion, he won a State Championship and branded his name in history. Sold to Fluminense, he went later to other teams, including, but not limited to Botafogo, Internacional, São Paulo, Grêmio and Palmeiras.

His carreer as player ended, but Mário Sérgio was still involved in football, taking turns between TV commentator, coach and director. One of his first experiences as a coach was precisely at Vitória. He returned to the club years later for the same job.

STAGE OF THE WORLD CUP

The Fonte Nova that is going to hold five World Cup Games (three in the first round, one in the round of eight and one in the round of four) will not be the same of the last 70 years. The old stadium was demolished and, for around R$ 600 million, Arena Fonte Nova took shape.

The choice of demolishing started to be defended in 2007, after a serious accident during a game of Bahia versus Vila Nova. Part of a section of the bleachers collapsed, killing seven people on the spot. It was one of the biggest tragedies in Brazilian football. Three years later, the historical Fonte Nova went down.

The original characteristics, will be preserved, like, for instance, the oval shape and the opening to Dique do Tororó lagoon. Among new features, will be parking structures, shopping malls, hotels and music venues. Its capacity will be 50,000 people.

MORE ABOUT ARENA FONTE NOVA

Nome: its original name is Octávio Mangabeira (governor of Bahia when the stadium was opened in the early 1950's) – **First Game:** Botafogo de Salvador 0x1 Guarany (BA), on 1/28/1951 – **Player who scored the first goal:** Antônio (of the local Botafogo) – **Public Record:** 110,438, at the game Bahia 2x1 Fluminense, on 2/12/1989 – **Brazilian National Team Games:** 11 games, with six victories and five ties

São Paulo

A MOTIONLESS METROPOLIS FOR THE WORLD CUP

Think of something you want to buy. Forget about the price, shape, time or where it is from. In São Paulo, you can certainly find that item 24/7, because we are talking about a city that never stops.

In the movement of its over 10 million inhabitants, added daily to thousands of commuters from many other cities in the state and countless visitors from across the globe, it is a frenzied pace.

We are talking about a human ant swarm, about the city with the highest population in the Southern Hemisphere, that gathers people from all over the world – even more from the numerous and traditional Italian, Japanese and Lebanese Colonies. And also about the biggest financial Center in Latin America, of the main gastronomic Center in the country, of the city that loves pizza, with more than six thousand specialized pizza parlors.

It is a crazy pace in the city that was the stage for the modernists in 1922 and that brings together the main concerts and plays in the country. We are talking about a city that will follow its intense pace until it gets into a trance on June 12, 2014, when it hosts the opening game at Brazil World Cup!

After all, we are talking about a land that is in passionate about football and brings together players in every corner, in football pitches, in futsal pitches or artificial turf ones, and even on the resistant improvised street football.

We are talking about the home of "Trio de Ferro", the iron trio formed by Corinthians, Palmeiras and São Paulo, three Brazilian football giants, and from very traditional clubs, like Portuguesa and Juventus.

We are talking, therefore, about the land where football was born in Brazil, brought over by the feet of the English-born São Paulo natural Charles Miller, in 1894. It is simply fair, then, that São Paulo, the land that saw the birth of football in the country, was chosen to open the World Cup and that it stops, even if for just 90 minutes, to reverence the ball planet.

GENERAL INFORMATION

Area: 1,530 km² – **Population:** 10,886,518 inhab. – **Anniversary date:** January 25th – **He, who is born in São Paulo is:** *paulistano* – **Climate:** temperate tropical – **Temperature during the World Cup (June/2014):** 20°C (68 F) – **Airports:** Internacional de São Paulo/Guarulhos (official name: Governador André Franco Montoro) or Cumbica; and Aeroporto Internacional de Congonhas (Congonhas International Airport)

DO NOT MISS
PARQUE DO IBIRAPUERA

When you are in São Paulo and you think of leisure, there are plenty of options for you to choose. However, ten out of tem people from

São Paulo will certainly not hesitate before pointing to Parque do Ibirapuera (Ibirapuera Park), a veteran, about to complete six decades of anniversary, as the number 1 attraction of the capital in that category.

Most attended park in the city, with over 200,000 visitors every weekend, on average, Ibirapuera is a great option for those in search of physical activities, with a bike lane, 13 poly-sport courts and playgrounds.

The space, designed by great icons in Brazil like architect Oscar Niemeyer and Landscape Roberto Burle Marx, has, among its attractions, the MAM (Museum of Modern Art) and the Pavilhão da Bienal (Biennial Pavillion), that holds some of the most sought after events in the capital, like São Paulo Fashion Week, the Arts Biennial and the Architecture Biennial.

Other interesting features are *Oca*, a space shaped like a native hut, famous for holding exhibits; the Japanese Pavillion, dedicated to the propagation of Japanese culture; and the Planetarium.

None of the attractions say something to you yet? How about visiting Viveiro Manequinho Lopes (Manequinho Lopes Terrarrium)? That's where lives of many of the bushes and plants that decorate the capital public squares, streets and avenues start.

PAULISTA AVENUE

If every big city has a reference point that allows it to be identified in any corner of the planet, this symbol in São Paulo is Avenida Paulista, upmost icon of the "concrete jungle" and one of the main tourist points of the capital.

Throughout its 2.8 km, Paulista brings together the main offices of a large number of companies, banks and hotels, and has become the greatest business center in Latin America.

But people are not in Paulista only for business. The richness of cultural attractions in the avenue is another driver of its endless movement. The main attraction is MASP (São Paulo Museum of Modern Art), opened in 1968 and containing one of the most important

collections of western art in the Americas. However, at Paulista there are also cultural centers, movie theaters, book stores, restaurants and cafés, with options for every taste.

HISTORICAL CENTER

Amidst the excitement of the largest city in Latin America, how about forgetting the rush and dedicating a few hours to reminisce at a glorious past? Invitation accepted? Then, the idea is a trip to Centro Histórico de São Paulo (São Paulo' Historic Center), full of real monuments of immeasurable architectonic value.

To begin with, it is worthwhile visiting the impressive Catedral da Sé (São Paulo See Metropolitan Cathedral) and its neogothic architecture, with daily masses and, on Sundays, monitored visitations.

Leaving the Cathedral, check out the city's Marco Zero (Ground Zero), small hex-shaped marble monument, which was built in 1934 and has a map of the roads that leave from São Paulo to other states.

Nearby, another attraction is *Pátio do Colégio*, craddle of the metropolis that stands out amidst the capital's sky scrappers. It was in that place, in 1555, that São Paulo started, from the construction of a little cabin made of clay and wood where jesuits would gather, dedicated to indoctrinate natives.

The location currently holds Museu do Padre Anchieta (Father Anchieta Museum), with six rooms dedicated to exhibition of sacred paintings, a pinacotheca, native objects and a scale model of São Paulo in the 16th Century.

After this real trip through history, there is nothing better than a stop at the Mercado Municipal. At the 22,000 m² space built in 1928, the visitor can enjoy a great variety of tasty products like wines, cheeses, meats, fish, spices, dressings and cold meats and sausages.

And, the cherry on the top, don't forget to try the irresistible bologne sandwich and *pastel de bacalhau* (cob pastel) two real delicacies at the "Mercadão", which fame has long surpassed capital borders.

VALE DO ANHANGABAÚ (ANHANGABAU VALLEY)

Located downtown, between Viaduto do Chá and Viaduto Santa Ifigênia, Vale do Anhangabaú is one of São Paulo's most beautiful post cards and convergence point for thousands of people from São Paulo for political, sports and cultural activities.

One of the most remarkable events on the space was the Diretas Já movement, in 1984, which gathered over 1.5 million people, in the biggest manifestation ever carried out in Brazilian political history. For that reason, nothing more natural than the choice of Vale do Anhangabaú to host the capital *Fan Fest*.

In its landscape, Anhangabaú gathers some of São Paulo's most important buildings, like the City Hall building, the Theater, the Conservatório Dramático e Musical de São Paulo (Musical and Dramatic Conservatory of São Paulo) e a Escola Municipal de Balé (Municipal Dance School in São Paulo).

Its name is native and its meaning in tupi-guarani language is 'bad spirit river or water'. According to the tradition, the place earned its name due to some harm done by the Portuguese settlers to the indians close to the Anhangabaú river, which today goes under the valley's pavement.

MAIN CLUBS

1. SPORT CLUB CORINTHIANS PAULISTA - **Mascot:** Musketeer - **Colors:** black and white - **Founded on:** 9/1/1910 - **Address:** Rua São Jorge, 777 - Tatuapé, São Paulo (SP) - **Main championships:** 1 FIFA's Club World Cup (2000) - 5 Brazilian Championships (1990, 1998, 1999, 2005 and 2011) - 3 Brazil Cup (1995, 2002 and 2009) - 26 state championships - **Official Website:** www.corinthians.com.br

2. SOCIEDADE ESPORTIVA PALMEIRAS - **Mascots:** Parakeet and Pig - **Colors:** green and white - **Founded on:** 8/26/1914 - **Address:** Rua Turiassu, 1.840 - Perdizes, São Paulo (SP) - **Main championships:** 1 Copa Libertadores (1999) - 8 Brazilian Championships (1960, 1967 [2x], 1969, 1972, 1973, 1993 and 1994) - 1 Brasil Cup (1998) - 1 Mercosul Cup (1998) - 22 state championships - **Official Website:** www.palmeiras.com.br

3. SÃO PAULO FUTEBOL CLUBE - **Mascot:** Saint Paul - **Colors:** red, black and white - **Founded on:** 12/16/1935 - **Address:** Praça Roberto Gomes Pedrosa, 1 - Morumbi, São Paulo (SP) - **Main championships:** 3 Interclubes World Cup (1992, 1993 and 2005) - 3 Libertadores (1992, 1993 and 2005) - 6 Brazilian Championships (1977, 1986, 1991, 2006, 2007 and 2008) - 1 Supercopa da Libertadores (1993) - 1 Conmebol Cup (1994) - 2 South American Recopas (1993 and 1994) - 20 state championships - **Official Website:** www.spfc.com.br

WHO HAS SHONE IN SÃO PAULO?
PELÉ

Ok. Santos Futebol Clube is not located in São Paulo, but in Vila Belmiro, at the Baixada Santista. But it is impossible to ignore the club that has built much of its glorious story in São Paulo stages, like Pacaembu and Morumbi, and has, in the capital over a million supporters. And, most of all, it is impossible to leave aside the history of a club that has, as its main symbol, Edson Arantes do Nascimento, or, simply, Pelé.

After all, we are talking about the greatest football player the world has ever seen in action, an "alien", as his former peer Pepe defined well. With the white shirt of Santos or the yellow shirt of the Brazilian National Team, Pelé has reached an impressive and unbeatable record of 1,281 goals in 1,375 games.

At Santos, he was twice Champion of the Wold and Libertadores, he won six national titles and tem state titles; he represented Santos and Brazilian football in every corner of the world, collecting stories that could sound like legends, like causing a war to stop in African territory, just so the people could see him in action.

At the Brazilian squad, he played at four World Cups and was three times champion, with titles in 1958, in Sweden; in 62, at Chile; and in 70, in México. He is a synonym of football art and, luckily, he was born Brazilian.

ADEMIR DA GUIA

During the 1960's, only one club was able to beat legendary Santos, with Dorval, Mengálvio, Coutinho, Pelé and Pepe. This club was Palmeiras, led by Ademir da Guia, aka Divino (Divine).

Born to Domingos da Guia, one of the greatest full backs of the history of Brazilian football, Ademir arrived at Palmeiras in 1961. There were 16 years and 12 titles. In spite of his discreet style, and his apparently slow play, Ademir, with his long steps, led the day and was the brains of the "Academy".

He just could not be as successful in the Brazilian National Team. Although his talent was unquestionable, he never reached, with the yellow shirt, the same level played with the green and white shirt. There were only 12 matches, one of them in the World Cup of 1974, in Germany.

Not shining in the Brazilian team, though, never caused Palmeiras fans to adore Ademir any less, he who has been made immortal in the history of the club with a statue at Palestra Italia.

RIVELINO

As a child, Argentinian Diego Maradona, one of the greatest football players football has ever known, had an idol: Roberto Rivelino. Here is a brief story that gives the Idea of the place occupied by the "Patada Atômica" (Atomic Kick) in history.

A skilled left-handed, with one of the most violent kicks in the 70's and distinguished passer, Rivelino played in three World Cups between 1970 and 1978 and conquered the upmost glory in his first time there: he was a first-string player of the mythical Brazilian National Team that let won the World Cup for the Third time, in Mexico.

By the time he became known in Mexico, the boy discovered at Parque São Jorge was already the great Corinthians idol and, naturally, he earned the nickname of "Reizinho do Parque" (King of the Park). The problem is that the team was going through a victory draught and the consecutive failures took a tool on Rivelino's carreer there.

After losing the state championship to Palmeiras, in 74, Riva was treated as one of the culprits for the failure of Corinthians and was sent to Fluminense. In Rio, he kept his great football skills and would lead the famous Máquina Tricolor (Tricolor Machine), this time, followed by the titles he didn't win in Timão.

ROGÉRIO CENI

He has over a thousand matches and a hundred goals with the tricolor shirt. Impressive figures, specially when we are talking about a goalie. It is no accident that Rogério Ceni is called "Mito" (Myth), with capital letter, by the São Paulo team fans.

After over two decades at Morumbi, with performances distinguished by great defenses, incredible skill in fouls and a leadership spirit that, in the future, will certainly ensure that is the president of the club, Rogério Ceni is a symbol of the most victorious period of the history of São Paulo.

If at the early 1990's, he was just an extra in the two time World and Libertadores Champion teams, Rogério became a lead character from the second half of the 1990's. And, with him as goalie, Tricolor was, for the third time, World Champion, Champion of Libertadores, em 2005, and Brazilian Champion, between 2006 and 2008, unbeatable feat in the country, to this day.

As if his feats in Morumbi were not enough, Rogério Ceni also made the Brazilian National Team. He never made it to first string, but he still played in two World Cups and he was in the attempt to win the fifth World title for Brazil, in 2002.

STAGE OF THE WORLD CUP

The World Cup in Brazil will start in São Paulo, in a new stage, altogether. Instead of the traditional Pacaembu or Morumbi stadiums, the opening game of the World Cup, with the Brazilian team football stars in action on June 12, 2014, will be carried out in the future arena that is being built in the East Side of the capital to be the home of Corinthians – which, for that reason, has been called "Arena Corinthians".

Besides the opening game other five matches, will be played in the new São Paulo arena: another three matches of the first round, one match of the round-of-eight and one of the duels that are going to define the teams to play in the final game.

The project, budgeted in R$ 820 million, describes the building of a modern multi-use arena, with capacity for 65,000 players – of this total, 17,000 seats will be removed after the World Cup is over.

The arena will also have 120 boxes, six thousand covered upper seats, 10,000 covered numbered seats, special tribune for the press, restaurants and 3.500 parking spaces.

And what's more: the project also describes modernization of the road system close to the stadium and implementation of a monorail that is going to link the Congonhas airport to metro lines and train lines which will guarantee quick and orderly access by the football fans to the São Paulo stage of the World Cup.

Memory Lane

Modern, comfortable, arenas, built according to universal accessibility and sustainability standards. State-of-the-art screens. Hundreds of TV cameras that enable the fan to see each move from up close. Worldwide known stars, many of them changes into media stars. This is the background that we will have in the World Cup in 2014, when the biggest football event returns to Brazil.

...But, it hasn't always been like that.

If the hand-rubbing fan, looking forward to the World Cup in 2014, could step into a time machine and go back six decades to see what was going on in Brazil in 1950, during the fourth issue of the World Cup, would find a completely different country and event.

Those were different times, the world was trying to get reorganized after the Second World War – an event that caused the World Cups 1942 and 1946 to be canceled. Candidate to host the tournament in 1942, in a dispute that also involved Germany and Argentina, Brazil was the only country to maintain the bid before Fifa and, in 1946, when the entity united again in the post-war period, was picked as the host-nation.

Brazil then started to mobilize to organize the World Cup Game, and its flagship would be building a stadium which would be known in history as the planet's biggest stadium and would become a sacred temple of football: Maracanã.

However, there was a big issue: for part of the world, football was far from being a priority. In the after-war, the main concern, especially in Europe, was with the reconstruction of the countries. For that reason, the communist block, led by the former Soviet Union, did not take part in the qualification competition: Only 32 teams signed up, exactly the same number of spots for the Brazil World Cup 2014, with 186 countries in action in the qualification competitions.

The qualification competitions should define 14 countries that qualified for the World Cup, and those countries would join Brazil and England, Champion of the former edition, in 1938. However, there were too many withdrawals halfway and, in 1950, the Brazil Word Cup had only 13 national squads, with special emphasis in England – the "inventors of football" would make their debut in the tournament

A COUNTRY IN TRANSFORMATION

In the late 1940's, Brazil was a developing country and was starting a long process to consolidate the expansion of urban centers over rural areas.

Under General Eurico Gaspar Dutra's command, we had a development policy, based on economic planning and on the strong interference of the state in industrial and financial-related matters. Therefore, his administration's emphasis was on the implementation of a plan called "Salte", inspired on the initials of each of the areas supposed to be the pillars of national expansion: Health, Food, Transportation and Energy.

At the time, Brazil had 51.7 million inhabitants and the federal capital was Rio de Janeiro, the biggest city of the country, with 2.3 million people. São Paulo figured in second place, with 2 million inhabitants.

Soccer was already a hit, but the matches were heard on the radio and not on TV – the first transmission in the country would be broadcast only in September 18th, 1950, two months after the World Cup, with the inauguration of TV Tupi, in São Paulo, and the distribution of one hundred TV sets in strategic points of the São Paulo capital so that the population could watch the first images.

On the radio, Brazilian families would gather around the table to watch famous radio plays by giant companies like radio Tupi and Nacional or to hear songs by artists like Emilinha Borba, then known as the "Queen of Radio".

Another attraction was cinema, with the *chanchadas* produced by the Atlântida and Vera Cruz studios, featuring stars like Grande Otelo, Oscarito, Anselmo Duarte and José Lewgoy.

THE WORLD'S GREATEST

It was amidst this setting that the federal capital mobilized itself to build the Estádio Municipal do Rio de Janeiro, the aforementioned Maracanã – nicknamed after the neighborhood of the same name, where it is located.

Building of the stadium took 22 months of endless work by 4,500 people. The figures are impressive: in construction, 350,000 bags of concrete, nine thousand tons of iron, 55,000 cubic meters of concrete and 50,000 square meters of Stone will be used.

On June 17, 1950, seven days before the opening of the World Cup, Maracanã was officially inaugurated in a match between new talents from Rio de Janeiro and São Paulo. On the paper, its capacity was for 155,000 supporters, but off the Record figures point to the presence of around 200,000 people in the matches played by the squad during the World Cup.

Maracanã was the only stadium built specially for the World Cup and will also be the only remainder of the 1950's World Cup reused in 2014. There, the Brazilian National Team will be able to bury the fateful '*Maracanazo*', as that World Cup final became known, in the past. Even though they were favorites and massively supported by a crowd made up by 200,000 supporters, the Brazilian team was defeated 2 to 1 to Uruguay in the final match, in what is considered the worst defeat in the history of Brazilian football.

Besides Rio, other five cities – Belo Horizonte, Curitiba, Porto Alegre, São Paulo and Recife – the very ones that had the Best stadiums at the time, were chosen to host the matches in 1950. They will all host World Cup matches once again, but in new stages.

Headquarters of the 1950's World Cup

Trivia: The Independência stadium staged one of the greatest upsets in the history of World Cups. In its debut participation in a World Cup, England was pointed as the most likely to win the title. After all, they were the "inventors of football". But the English were surprised by the weak United States squad and lost by 1 to 0. Their prowess earned them a Hollywood movie: The game of their lives, made in 2005.

club, which was born out of the merger of Ferroviário and other two clubs from the capital of Paraná, Britânia and Palestra Itália, in 1971; and Paraná Clube, born out of the merger between Colorado and Pinheiros, in 1989.

One of the country's most modern stadiums in the late 1940's, it was a major trump card for Curitiba, a city picked to host the World Cup.

BELO HORIZONTE

Stadium: Independência
Capacity: 15,000 fans
Number of matches: 3

Matches:
6/25/50 – Yugoslavia 3x0 Switzerland
6/29/50 – United States 1x0 England
7/2/50 – Uruguay 8x0 Bolivia

CURITIBA

Stadium: Durival de Britto
Capacity: 13,000 fans
Number of matches: 2

Matches:
25/6/50 – Spain 3x1 United States
29/6/50 – Sweden 2x2 Paraguay

Curiosity: Known as 'Vila Capanema', after the neighborhood where it was built, the stadium has known three 'owners' in 65 years of history: Ferroviário club, Colorado

PORTO ALEGRE

Stadium: Eucaliptos
Capacity: 10,000 fans
Number of matches: 2

Matches:
6/28/50 – Yugoslavia 4x1 Mexico
7/2/50 – Switzerland 2x1 Mexico

Trivia: Inaugurated in 1931, the stadium used to belong to Internacional and hosted official matches in 1969. It was sold by the club from Rio Grande do Sul in August,

2010, to help pay for renovating works at Estádio Beira-Rio and demolished in February, 2012 – on its stead, a huge residence venue will be built.

SÃO PAULO
Stadium: Pacaembu
Capacity: 60,000 fans
Number of matches: 6

Matches:
6/25/50 – Sweden 3x2 Italy
6/28/50 – Brazil 2x2 Sweden
7/2/50 – Italy 2x0 Paraguay
7/9/50 – Uruguay 2x2 Spain
7/13/50 – Uruguay 3x2 Sweden
7/16/50 – Sweden 3x1 Spain

Trivia: The Brazilian National Team played in only one World Cup match in Pacaembu, and had a disappointing 2 - 2 draw against Switzerland.
At the occasion, wanting to please the audience from São Paulo, coach Flávio Costa replaced the first string midline, made up Rio de Janeiro players Eli, Danilo and Bigode, with the historic São Paulo midline, with Rui, Bauer and Noronha. It didn't work. The squad performed poorly and was booed by the audience that crowded Pacaembu.

RECIFE
Stadium: Ilha do Retiro
Capacity: 20,000 fans
Number of matches: 1
Match:
2/7/50 – Chile 5x2 United States

Trivia: Ilha do Retiro was the stadium that represented the Northeast in the World Cup, but hosted only one match: Chile 5x2 United States.
In order to host the World Cup, directors and fans of Sport Recife, the club that owned the stadium and was struggling financially, took up the renovation works required by FIFA at Ilha do Retiro, like increasing its capacity and building changing rooms and wire fences to separate the fans from the turf.

RIO DE JANEIRO
Stadium: Maracanã
Capacity: 155,000 players
Number of matches: 8

Matches:
6/24/50 – Brazil 4x0 Mexico
6/25/50 – England 2x0 Chile
6/29/50 – Spain 2x0 Chile
7/1/50 – Brazil 2x0 Yugoslavia
7/2/50 – Spain 1x0 England
7/9/50 – Brazil 7x1 Sweden
7/13/50 – Brazil 6x1 Spain
7/16/50 – Brazil 1x2 Uruguay

Trivia: It was the city that hosted the most matches during the World Cup. At the final match, Maracanã hosted a character, who had been anonymous until then, who would enter the history of World football: Mário Jorge Lobo Zagallo.
Zagallo, 18 years of age at the time, worked for the Brazilian Army Police and his platoon was chosen to work in the safety for the final match. He was on duty on the upper ring of the stadium, but truly had a privileged view of the match.
Only eight years later, in 1958, Zagallo would have his personal payback when playing as a first string player in the World Cup to win the Brazilian Team's first title, in Sweden. The "Old Wolf", mind you, has an impressive resumée: He was in four out of five World Cups where Brazil has won a title: twice as a player (1958 and 1962), the third as a coach (1970) and the fourth as technical coordinator (1994).

PELÉ

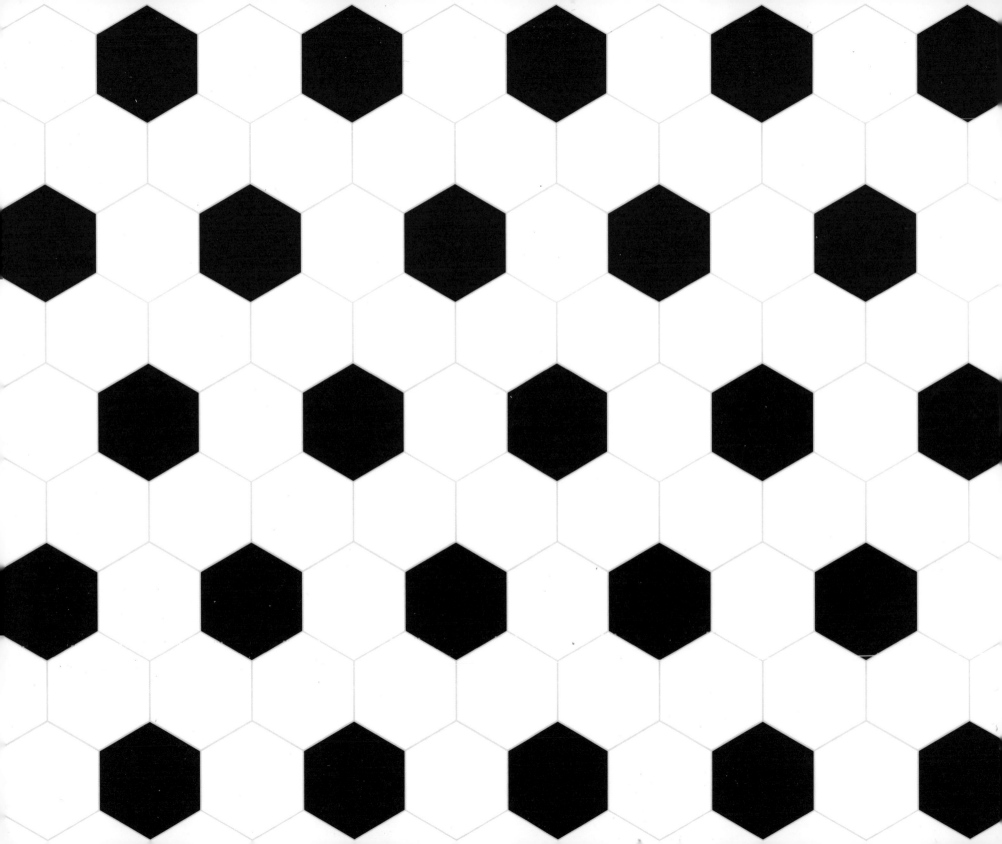